100 REZEPTE
ZUM EINMACHEN & EINKOCHEN

KONFITÜRE MARMELADE GELEE

TRETORRI

INHALT
KONFITÜRE MARMELADE GELEE

LIEBE FREUNDE SELBST GEMACHTER KONFITÜREN, MARMELADEN UND GELEES

Es gibt so Geschichten, die immer glaubwürdiger werden, je öfter man sie erzählt. Eine davon lautet, dass eine Schottin, Janet Keiller, die Orangenmarmelade erfunden hat. James, ihr Sohn (laut anderer Quellen: ihr Mann), ein Kolonialwarenhändler, hatte Ende des 18. Jahrhunderts im schottischen Seagate die Fracht eines spanischen Clippers aufgekauft, darunter nicht mehr ganz so frische Orangen. Was also damit anfangen? Janet krempelte die Ärmel hoch und machte sich daran, die Früchte klein geschnitten mit Zucker einzukochen. Das mag die Geburtsstunde von „Keiller's Marmalade" gewesen sein, der ab sofort, da streichfähig, auf gerösteten Brotscheiben landete und geradezu einen Hype auslöste. Die Erfindung des Aufstrichs aus Zitrusfrüchten jedoch war es nicht. Diesen gibt es nämlich bereits nachweislich seit dem 15. Jahrhundert in Südeuropa. Gleichwohl hat Janets Idee, Orangen in Form eines stückigen Fruchtaufstrichs in den Handel zu bringen, mit Sicherheit dazu geführt, dass sich mehr Menschen daran gemacht haben, Früchte der jeweiligen Saison übers Jahr halt- und essbar zu machen.

Heutzutage, mit einem riesigen Angebot an Marmelade, Konfitüre und Gelee in Supermarktregalen, ist niemand mehr gezwungen, Obst zu verlesen, zu entsaften, einzukochen, abzufüllen. Warum also sollte man das tun wollen? Die Antwort darauf ist einfach: weil es unglaublich viel Spaß macht! Verführerisch duftende, heimische Erdbeeren etwa werden in einen Fruchtaufstrich verwandelt, der die Kraft hat, sommerliche Tage hervorzurufen, wenn das Glas im Winter zum Sonntagsfrühstück geöffnet wird. Und gibt es eigentlich etwas Persönlicheres als kleines Mitbringsel als eigens hergestellte Aufstriche, pikant-würzige Confits oder sonstige ausgefallenen oder klassischen Genuss im Einmachglas?

Die Ausstattung dafür – großer Topf und Holzlöffel – ist im Prinzip in jedem Haushalt vorhanden, die Rezeptvorschläge in diesem Buch sind leicht nachvollziehbar. Also ran an den Herd, sich der Magie des Marmeladen-/Konfitüren-/Geleekochens ergeben und die Janet Keiller in sich entdecken.

Viel Freude dabei!

TRE TORRI VERLAG

KOMPASS FÜR ZUBEREITUNG UND VERWENDUNG

EINFACH HERZUSTELLEN

MAGIC, ABER EIN BISSCHEN AUFWENDIGER

FÜR DIE GANZE FAMILIE

AUCH ALS GESCHENK GEEIGNET

KOCHSC

HULE

Für den Privathaushalt ist dieses Regelwerk selbstverständlich nicht bindend. Wenn Sie jedoch erwägen, Ihre Fruchtaufstriche zum Verkauf anzubieten – und sei es auch im noch so kleinen Rahmen –, müssen Sie sich im Einzelnen an die Konfitürenverordnung halten. Folglich sind Sie im Hinblick auf die Herstellung, aber auch in Bezug auf die genaue Kennzeichnung Ihrer Produkte an das Regelwerk gebunden.

Der Genuss und somit die Obstauswahl ist stark saisonabhängig. Bei heimischem Obst sind Qualität, Frische und Preis zur Erntezeit am besten. Sofern Sie keinen eigenen Garten haben, versorgen Sie sich nach Möglichkeit auf dem Wochenmarkt oder direkt beim Bauern. Obst aus der Region, das gerade Saison hat, ist in der Regel frisch geerntet und musste weder lange Transportwege noch lange Lagerungszeiten überstehen.

MARMELADE, KONFITÜRE ODER GELEE?

Geht es um süßen, fruchtigen Aufstrich fürs Brot, so ist meist von Marmelade die Rede, selbst wenn es sich eigentlich um Konfitüre, Gelee oder eben Aufstrich handelt. In Deutschland regelt seit 1982 die sogenannte Konfitürenverordnung, welche Bezeichnung im Einzelnen zutreffend ist. Folgende Definitionen fassen die Bestimmungen dieser Verordnung in aller Kürze zusammen:

MARMELADE

besteht ausschließlich aus Zitrusfrüchten, Teilen ihrer Schale sowie wässrigen Auszügen. Sie hat einen bestimmten, relativ hohen Zuckeranteil.

KONFITÜRE UND KONFITÜRE „EXTRA"

werden aus geschälten, entkernten und in Stücke zerteilten oder zerdrückten Früchten jeglicher Art hergestellt – Zitrusfrüchte ausgenommen. Sie haben ebenfalls einen bestimmten, relativ hohen Zuckeranteil. Ist der Zuckeranteil in beiden Fällen jedoch niedriger als der Fruchtanteil, so spricht man von Fruchtaufstrich.

GELEE

bezeichnet eine gallertartige, eingedickte Masse, die allein aus Fruchtsaft oder Fruchtsaftmischungen besteht. Weder der Fruchtaufstrich noch das Pflaumenmus werden innerhalb dieser Verordnung näher aufgegriffen. Somit handelt es sich bei Brotaufstrichen, die nicht der Konfitürenverordnung entsprechen, um Fruchtaufstrich, die individuelle Frucht- und Zuckeranteile erlauben.

DIE WAHL DER RICHTIGEN FRÜCHTE

Ausschließlich Früchte von bester Qualität verleihen Ihrem Aufstrich sein frisches Aroma und eine besondere Farbe. Verwenden Sie daher nur reifes, unversehrtes Obst zur Herstellung von Konfitüre, Marmelade oder Gelee. Es sollte weder Druckstellen haben noch sonst irgendwie versehrt sein, da es bereits Schimmel- oder Fäulnisbakterien enthalten kann. Richten Sie es sich nach Möglichkeit so ein, dass Sie das Obst noch am selben Tag verarbeiten, an dem Sie es geerntet bzw. erworben haben. Gerade im Sommer kann frisches Obst schnell „kippen". Und wird es längere Zeit im Kühlschrank gelagert, verliert es schnell sein feines Aroma. Kaufen Sie außerdem immer etwas mehr Obst, als Sie laut Rezept benötigen. Sollte ein Teil der Früchte nämlich verdorben sein, haben Sie somit immer eine ausreichende Menge zur Verfügung. Aus dem restlichen Obst können Sie etwa einen leckeren Obstsalat machen, der zusammen mit Eis, Waffeln oder Pfannkuchen schon das Mittag- oder Abendessen ergibt.

WAS TUN BEI SCHIMMELBEFALL?

Je höher der Wasseranteil eines Lebensmittels ist, desto tiefer dringt der Schimmelpilz für gewöhnlich ein. Der Schimmel, den Sie sehen, ist häufig nur die Blüte. Sie können aber davon ausgehen, dass auch der Rest befallen ist. Schimmel kann man auch nicht herausschneiden, da sich die Sporen des Schimmelpilzes insbesondere bei wasserhaltigen Lebensmitteln unsichtbar ausbreiten. Zudem sind die meisten Schimmelpilzarten hitzestabil. Somit kann es passieren, dass alle Gläser Fruchtaufstrich eines Kochvorgangs zu schimmeln beginnen, wenn Sie nur eine befallene Frucht mitgekocht haben. Schimmelige Früchte sind also im Ganzen zu entsorgen und sollten auch nicht roh verzehrt werden.

TIEFGEFRORENES OBST

Auch tiefgefrorene Früchte eignen sich zur Herstellung von Konfitüre, Marmelade und Gelee. Es ist allemal besser, größere Obstmengen einer guten Ernte für den späteren Verbrauch einzufrieren, als zu einem späteren Zeitpunkt Obst zu kaufen, das vom anderen Ende der Welt her transportiert wurde wie etwa Erdbeeren im Winter. Tiefgekühlte Früchte sind unabhängig von der Jahreszeit erntefrisch und behalten weitgehend ihren Geschmack, ihr Aroma und ihre Farbe. Und eine bakterielle Vermehrung, die bei Exportware nicht auszuschließen ist, findet hier nicht statt. Im Übrigen sollte eine Tiefkühltruhe ein- bis zweimal im Jahr komplett abgetaut und gereinigt werden. Achten Sie darauf, dass die Lagertemperatur von –18 °C dauerhaft beibehalten wird. Einmal Aufgetautes darf nicht wieder eingefroren werden. Möchten Sie Obst einfrieren, sollten Sie die Früchte waschen, putzen, gegebenenfalls schälen und entkernen. Geben Sie sie ungezuckert in beschriftete und mit dem Datum versehene Gefrierbeutel oder andere Behältnisse. Achten Sie unbedingt darauf, dass das Material gefriergeeignet und gut verschließbar ist. Gelangt nämlich Luft an das Obst, kann es zu Gefrierbrand kommen, das heißt die Früchte bekommen weiße Stellen und verlieren ihr Aroma. Auch beim Einfrieren gilt: Obst so rasch wie möglich vorbereiten und einfrieren, idealerweise kurz nach der Ernte. Bei dieser Handhabe ist es je nach Sorte bis zu einem Jahr haltbar. Bei größeren Obstmengen empfiehlt sich, es gleichmäßig zu portionieren, beispielsweise jeweils 1 kg einzufrieren, denn diese Menge benötigen Sie üblicherweise auch zum Kochen von Aufstrichen. Gefrorenes Obst lässt sich übrigens gut portionieren. Wiegen Sie es in gefrorenem Zustand ab, tauen Sie es auf und verarbeiten Sie es einschließlich Saft weiter.

WELCHE BEZEICHNUNGEN VERWENDEN? WELCHE FRÜCHTE NEHMEN?

ZUCKER

Welcher Zucker eignet sich wofür?

Falls Sie noch keine Fruchtaufstriche zubereitet haben, empfiehlt es sich, zunächst mit Gelierzucker zu arbeiten, um ein Gefühl für die Herstellung von Marmeladen und Konfitüren zu entwickeln. Und selbst die Verwendung von Gelierzucker erfordert einige Übung, da es letztlich vor allem auf das Rühren ankommt.

Die Methoden zur Herstellung feiner Fruchtaufstriche sind inzwischen sehr zahlreich. Ob mit Zucker oder Agavendicksaft, ob gekocht oder kalt gerührt – der Phantasie und dem persönlichen Geschmack sind dabei fast keine Grenzen gesetzt. Da aber nach wie vor das Kochen von Fruchtaufstrichen am häufigsten mit Zucker erfolgt und somit das gebräuchlichste Verfahren ist, werden Ihnen hier die wichtigsten Zuckerarten vorgestellt.

Grundsätzlich kann man mit so gut wie allen handelsüblichen Arten von Zucker Fruchtaufstriche zubereiten. Davon ausgenommen sind Kandis und Puderzucker, da sie nicht die geeignete Körnung haben. Zucker dient zum einen der Aromatisierung von Speisen. Er rundet den Geschmack eines Fruchtaufstrichs ab und kann die verborgenen Duft- und Aromastoffe der verwendeten Zutaten „wecken". Zum anderen wird Zucker vor allem zur Konservierung eingesetzt. Hierbei handelt es sich um einen natürlichen Prozess, da er das in Lebensmitteln enthaltene Wasser bindet (Hygroskopie). Verwendet man Zucker in höherer Konzentration, entzieht er den in Lebensmitteln vorhandenen Mikroorganismen das lebensnotwendige Wasser, wodurch sie konserviert werden. Im Übrigen ist Zucker umso hygroskopischer, je feiner seine Kristalle sind und je weniger er raffiniert ist. Unterschreitet man jedoch eine bestimmte Zuckermenge, so können bestimmte Mikroorganismen den Zucker vergären und somit die Konservierung verhindern. Daher ist in bestimmten Gelierzuckern, die das Einkochen in einem geringeren Frucht-Zucker-Verhältnis als dem tradierten „Pfund-auf-Pfund" ermöglichen, auch häufig ein Konservierungsstoff, meist Sorbinsäure, enthalten. Für ein ausgeglichenes Empfinden von Fruchtaroma und Süße braucht ein Aufstrich – mehr noch als möglichst wenig Zucker – vor allem viel frischen Zitronensaft.

ZUCKER

HAUSHALTSZUCKER

Für die Herstellung von Fruchtaufstrichen können Sie normalen Haushaltszucker verwenden. Er eignet sich besonders zum Verkochen pektinreicher Früchte wie Apfel, Quitte, Johannis- und Stachelbeere unter Zugabe von Gelierhilfen. Geben Sie außerdem ausreichend Zitronensaft hinzu. Die Kochzeit von Fruchtaufstrichen mit Haushaltszucker, sofern Sie ohne Gelierhilfe arbeiten, beträgt bis zu 30 Minuten.

HELLER ROHROHRZUCKER

Rohrohrzucker ist eine auskristallisierte, gereinigte Zuckerart mit einem Restanteil Melasse. Daher rührt auch seine beige Farbe. Fruchtaufstriche erhalten eine milde Süße, und Früchten von eher empfindlicher Farbe verleiht er einen schönen satten Ton. Die Kochzeit mit Rohrohrzucker beträgt zwischen 5-10 Minuten. Grundsätzlich brauchen Sie kein zusätzliches Geliermittel, Sie sollten aber ausreichend Zitronensaft einsetzen.

EINMACHZUCKER UND -RAFFINADEN

Einmachzucker ist eine hochwertige, grobkörnige Zuckerraffinade. Dessen Körner lösen sich aufgrund ihrer Größe relativ langsam auf. Daher kommt es beim Kochen zu einer geringeren Schaumbildung, und das Aroma kann sich gleichmäßiger entfalten. Einmachzucker enthält kein Pektin, kann aber dennoch für die Zubereitung von Fruchtaufstrichen eingesetzt werden. Je nach Sorte werden Frucht und Zucker im Verhältnis 1:1 so lange gekocht, bis die Masse durch den natürlichen Pektingehalt der Früchte zu gelieren beginnt, was 30 Minuten dauern kann. Dieses Verfahren ist besonders für pektinreiches Obst geeignet. Um das natürliche Gelieren zu unterstützen, sollten Sie bei säurearmen Fruchtarten außerdem ausreichend Zitronensaft verwenden.

Da sich das obsteigene Pektin entweder in oder direkt unterhalb der Schale befindet, ist es bei der Zubereitung von Marmelade oder Konfitüre ohne den zusätzlichen Einsatz von Pektin sinnvoll, Früchte mit Schale zu verarbeiten, die verkocht im späteren Fruchtaufstrich nicht stört. Eine weitere Möglichkeit ist, das ungeschälte Obst zunächst ca. 10 Minuten leise köcheln zu lassen, damit sich der Stoff aus der Schale lösen kann. Bei pektinarmen Früchten können Sie auch einige Streifen Apfelschale mitkochen, die Sie später wieder entfernen.

ALTERNATIVE SÜSSUNGSMITTEL

AGAVENDICKSAFT

Agavensirup wird aus der blauen Tequila-Agave gewonnen. Dabei wird das Herz der Pflanze zerkleinert und Mus daraus gewonnen. Das wird wiederum zu Saft verarbeitet, der abschließend gefiltert und eingedickt wird. Agavendicksaft zeichnet sich durch eine kräftige und neutrale Süße aus. Er neigt kaum zur Kristallisation und verfügt über eine gute Gelierfähigkeit, weshalb er für die Herstellung von Fruchtaufstrichen auch gut geeignet ist. In welchem Verhältnis Sie ihn zu Obst einsetzen, bleibt letztlich Ihrem Geschmack überlassen. Bei geringer Dosierung empfiehlt sich allerdings die Zugabe von Gelierhilfe sowie ausreichend Zitronensaft.

Birnen-, Apfel-, Traubendicksaft sowie Zuckerrübensirup funktionieren auf die gleiche Weise, nur haben diese Produkte einen intensiven Eigengeschmack. So bietet es sich an, bei derselben Fruchtsorte zu bleiben, also beispielsweise Äpfel mit Apfeldicksaft zu verarbeiten. Zuckerrübensirup setzen Sie am besten dann ein, wenn der Aufstrich einen herzhaften Charakter bekommen soll.

HONIG

Honig hat einen dominanten Eigengeschmack, der das Aroma der Früchte schnell überdeckt. Ausschließlich mit Honig zu süßen, ist also nicht ratsam, denn beim Ergebnis würde es sich vielmehr um aromatisierten Honig als um einen Fruchtaufstrich handeln. Möchten Sie aber auf Honig nicht verzichten, so können Sie einen Teil, etwa ein Viertel der Zuckermenge, durch Honig ersetzen.

VOLLROHRZUCKER
Vollrohrzucker ist von brauner Farbe und wird nicht aus Zuckerrüben, sondern aus frisch geerntetem Zuckerrohr hergestellt. Dieses wird gepresst, wodurch Saft gewonnen wird, der gefiltert und in Kesseln eingedickt wird. Abschließend wird der eingedickte Saft getrocknet und gemahlen. Vollrohrzucker hat einen karamellartigen, leicht malzigen Eigengeschmack und lässt sich wie Einmachzucker verarbeiten. Allerdings kann er schnell das feine Fruchtaroma überdecken. Von daher eignet er sich eher für das Verarbeiten dunkler Früchte, etwa Pflaumen oder Brombeeren, denen er eine herzhafte Note verleiht.

GELIERZUCKER

GELIERZUCKER 1:1
Einfach, schonend und vor allem schnell lassen sich Marmeladen und Konfitüren mit handelsüblichem Gelierzucker herstellen. Dabei handelt es sich um Weißzucker, der mit Pektin und Zitronen- oder Weinsäure versetzt wurde. Aufgrund des Pektins geliert das Kochgut schneller, das heißt, das in Obst enthaltene natürliche Pektin muss nicht erst durch Kochen gelöst werden. Das Mischungsverhältnis 1:1 ist vor allem für säuerliche Früchte gut geeignet, wobei der Aufstrich durch die Verwendung dieses Gelierzuckers nicht zu süß gerät. Ebenso geeignet ist er für die Verarbeitung von Obst mit empfindlicher Farbe, etwa Aprikosen oder Erdbeeren. Wenn Sie wie in unseren Rezepten angegeben ca. 1,1 kg Obst auf 1 kg Zucker verkochen, erhalten Sie einen Aufstrich von schöner, streichfähiger Konsistenz.

GELIERZUCKER 2:1
UND GELIERZUCKER 3:1
Gelierzucker dieser Mischungsverhältnisse haben einen höheren Pektingehalt, sodass für beispielsweise 1 kg Obst nur 500 g bzw. gut 300 g Zucker benötigt werden. Wie bereits beschrieben, dient Zucker der Konservierung. Um diese auch bei der Verwendung von Gelierzucker 2:1 bzw. 3:1 zu gewährleisten, ist der Anteil enthaltener Konservierungsmittel, meist Sorbinsäure, erhöht. Des Weiteren enthalten diese Arten von Gelierzucker Zitronensäure und bisweilen gehärtete Fette, die das Aufschäumen beim Kochen unterbinden.

DIÄT-GELIERZUCKER
Dieses Geliermittel enthält neben Pektin, Zitronensäure und in der Regel Sorbinsäure nur Fruchtzucker und eignet sich daher für Diabetiker. Man verwendet ihn im Verhältnis von 3:1, auf 900 g Obst kommen 300 g Zucker. Die Kochzeit ist, wie bei den anderen Gelierzuckerarten auch, sehr kurz und liegt bei 3–4 Minuten. Darüber hinaus gibt es im Handel mittlerweile Gelierzuckerarten, mit denen Sie Ihren Aufstrich in der Mikrowelle herstellen oder recht unkompliziert kalt gerührte Aufstriche zubereiten können.

GELIERZUCKER AUS
BIOLOGISCHEM ANBAU
In Bio- und Naturkostläden erhalten Sie mittlerweile auch Gelierzucker im Verhältnis 2:1 und 3:1, der sich lediglich aus Rohrohrzucker und Apfelpektin zusammensetzt, dem also keine Konservierungsstoffe hinzugefügt wurden. Da sie keine Zitronensäure enthalten, sollten Sie bei dessen Verwendung zusätzlich ca. 100 ml Zitronensaft hinzufügen, der einerseits die Kochzeit verringert und andererseits als Geschmacksträger dient.

Sollten Sie einmal nur einen Teil der erforderlichen Gelierzuckermenge verwenden wollen, geben Sie den Inhalt eines Päckchens in eine Schüssel, rühren Sie gründlich um, damit sich die einzelnen Inhaltsstoffe gleichmäßig verteilen, und wiegen Sie erst dann die erforderliche Teilmenge ab. Den nicht benötigten Zucker können Sie selbstverständlich weiter bevorraten.

GELIERHILFEN

GELIERPULVER UND PFLANZLICHE GELIERMITTEL

Gelierpulver wird aus Pektin, Traubenzucker und Fruchtsäure hergestellt und enthält oft auch gehärtete Fette und Sorbinsäure. Es bindet wie der Gelierzucker das Kochgut. Es hat allerdings den Vorteil, dass man damit das Süßungsmittel selbst wählen kann, etwa Fruchtzucker oder Rohrzucker. Ebenso kann man verschiedene Zuckerarten mischen, um dem Aufstrich eine eigene Note zu verleihen. Mittlerweile gibt es Gelierpulver in den vielfältigsten Ausführungen, gängig sind auch hier Produkte für die Verarbeitung im Verhältnis von 1:1, 2:1 und 3:1. Es empfiehlt sich, das Gelierpulver zunächst mit dem Zucker zu mischen, bevor man es zum Obst gibt.

AGAR-AGAR

Agar-Agar ist ein pflanzliches Binde- und Geliermittel, das aus Meeresalgen gewonnen wird. Daher rührt auch der zunächst leichte Geruch nach Meerwasser, der aber bei der Verarbeitung sofort verfliegt. Es ist in Form von Pulver und Flocken in gut sortierten Supermärkten Bioläden und Reformhäusern erhältlich und kann über das Internet bestellt werden. Die Qualität ist allerdings recht unterschiedlich; beachten Sie bei der Verarbeitung unbedingt die Angaben auf der Packung.

APFELPEKTIN

Apfelpektin wird aus Äpfeln gewonnen. Es ist als Pulver oder in flüssiger Form in Bioläden und Reformhäusern erhältlich und kann mittlerweile auch bequem über das Internet bezogen werden. Das Pektin ist für den Gelierprozess verantwortlich. Der Zucker dient bei der Verwendung von Apfelpektin lediglich zum Süßen – die verwendete Zuckermenge können Sie je nach gewünschter Süße selbst bestimmen.

CITRUSPEKTIN

Außerdem im Handel erhältlich sind pulverförmige Gelierhilfen auf Basis von Citruspektin und Kartoffelstärke. Sie funktionieren ähnlich wie Gelierpulver und Apfelpektin. Die bei der Zubereitung verwendete Zuckermenge dient, wie auch bei der Verwendung von Apfelpektin, zum Süßen des Aufstrichs und kann abhängig von der gewünschten Süße selbst festgelegt werden.

JOHANNISBROTKERNMEHL

Johannisbrotkernmehl, auch Carobpulver genannt, wird aus den Samen der Johannisbrotfrucht gewonnen und ist rein pflanzlich. Die Kerne werden getrocknet und fein gemahlen. Es ist geschmacksneutral und bindet auch kalte Speisen. Es kann daher auch gut für kalt gerührte Aufstriche verwendet werden. Sie bekommen Johannisbrotkernmehl in Bioläden und Reformhäusern sowie über das Internet.

Letztlich gibt es keine geschlossene Meinung darüber, ob man Konfitüren und Marmeladen besser ohne Pektin und mit längerer Kochzeit oder genau umgekehrt zubereiten sollte. Manche halten Pektin für einen „Aromafresser" und schwören auf die Zubereitung ohne zusätzliche Gelierhilfe. Fraglich ist auch, ob eine besonders kurze, die enthaltenen Vitamine schonende Kochdauer dem Produkt mehr Qualität verleiht. Die meisten in Obst enthaltenen Vitamine sind ohnehin nicht hitzebeständig und zerfallen, bevor die Masse zu kochen beginnt. Auch die Ballaststoffe gehen schnell kaputt, und bei der Lagerung beispielsweise im Keller kommt es zu weiteren Vitalstoffverlusten. Somit sollte nicht der Erhalt von Vitaminen Ihr erstes Ziel beim Kochen von Marmelade sein. Vielmehr sollte es darum gehen, ein außerordentliches Geschmackserlebnis zu erhalten, das frei von für Sie möglicherweise unverträglichen Substanzen ist. Probieren Sie also die verschiedenen Mittel und Wege aus, und lassen Sie allein Ihren persönlichen Geschmack entscheiden.

ENTSAFTEN, GELEE KOCHEN, GELIERPROBE

ENTSAFTEN

Es gibt verschiedene Möglichkeiten, Obst zu entsaften. Besonders praktisch ist dafür ein Entsafter, dessen Anschaffung sowohl aus finanziellen Erwägungen als auch aus Platzgründen nur dann sinnvoll ist, wenn er häufiger zum Einsatz kommt. Es gibt sogenannte Rohentsafter, um kalt zu entsaften, sowie Dampfentsafter, mithilfe derer durch Erwärmen Saft gewonnen wird. Sie können Obst aber auch relativ einfach mithilfe eines gewöhnlichen Kochtopfs und einem Mulltuch entsaften. Verwenden Sie auch hier ausschließlich reife, unversehrte Früchte, die Sie unmittelbar nach der Ernte oder dem Kauf verarbeiten.

DAMPFENTSAFTEN

Für das Entsaften mit Dampf wird ein spezieller Topf benötigt. Dieser sogenannte Dampfentsafter besteht im Wesentlichen aus drei Teilen: einem Fruchtsieb, in das man das Obst füllt und das auf den Saftbehälter gesetzt wird. Dieser befindet sich wiederum oberhalb des Behälters für das Wasser. Erhitzt man nun das Wasser, steigt Wasserdampf in das Fruchtsieb, das Obst platzt auf und der austretende Saft läuft in den Saftbehälter. An diesem befindet sich ein Hahn, mit dem man den Saft einfach abzapfen kann.
Die Saftgewinnung mittels eines Dampfentsafters ermöglicht eine schnelle Verarbeitung großer Obstmengen. Da die Früchte nicht gekocht, sondern nur durch Dampf erhitzt werden, geht man davon aus, dass diese Art des Entsaftens ein schonendes Verfahren ist, da neben wertvollen Vitaminen auch die Farbe und das Aroma erhalten bleiben sollen.
Im Sieb verbleibende Obstrückstände können Sie anschließend zu Marmelade, Kompott oder anderem weiterverarbeiten, wobei Sie ihnen eventuell etwas Apfelsaft hinzufügen. Die für das Entsaften erforderliche Zeit hängt im Übrigen von der Festigkeit der Früchte ab. Weiches Obst lässt sich am schnellsten verarbeiten, während festes länger braucht, und kleine Früchte, wie etwa Beeren bzw. klein geschnittene Stücke, sind schneller entsaftet als große. Aus Tiefgefrorenem lässt sich besonders gut Saft gewinnen, da durch das Einfrieren vorab die Zellwände bereits aufgebrochen sind. Sie können also getrost die erste Ernte einfrieren, bis Sie ausreichend Obst beisammen

haben, um den Dampfentsafter komplett zu füllen. Wenn Sie Tiefkühlobst verwenden, sollten Sie es vorab vollständig auftauen lassen. Frische Früchte müssen hingegen nur gereinigt und Kernobst samt Kerngehäuse geviertelt werden. Rhabarber wird geputzt und in Stücke geschnitten, Steinobst entsteint, und Beeren werden samt Stielansatz in den Topf gegeben. Zuckert man das Obst einige Stunden vor dem Entsaften, erhöht dies die Saftausbeute. Pro kg Frucht rechnet man zwischen 100 und 200 g Zucker, die Entsaftungszeit liegt je nach Fruchtart zwischen 30 und 60 Minuten.

TRADITIONELLES ENTSAFTEN DURCH KOCHEN

Bei dieser Methode wird das Obst in einen Topf gegeben und kurz mit etwas Wasser aufgekocht, bis es weich ist oder bis es aufplatzt. Anschließend gibt man das Kochgut in ein Tuch, das Sie beispielsweise an den Beinen eines umgedrehten Hockers befestigen. Stellen Sie darunter eine saubere Schüssel. Kühlen die Früchte ab, tropft der Saft in den Behälter.

ROHENTSAFTEN: SAFTGEWINNUNG MIT EINER ZENTRIFUGE

Zentrifugen arbeiten, wie der Name bereits vermuten lässt, mit der Schleuderkraft, der sogenannten Zentrifugalkraft. Das frische Obst wird wie es ist, also kalt, in eine Zentrifuge gegeben und während sich diese dreht, werden die Früchte gegen die Zerreißscheibe gedrückt. Dadurch werden sie zerkleinert und quasi nach außen geschleudert. Dabei bleiben die festen Bestandteile in der Trommel hängen und der austretende Saft läuft durch die Löcher in einen Behälter ab, der sich darunter befindet. Wie beim Entsaften mithilfe von Dampf muss Steinobst zuvor entsteint, Kernobst vom Kerngehäuse befreit und Beerenobst entrappt werden. Eine Saftzentrifuge eignet sich im Übrigen eher für die Herstellung kleinerer Mengen Saft, der sofort getrunken wird.

GELEE KOCHEN

Geben Sie die Menge Saft, die Sie verarbeiten wollen, in einen ausreichend großen Topf. Beachten Sie, dass der Inhalt bei der Herstellung von Gelee sehr schnell überkochen kann. Je nachdem, mit welchem Zucker Sie arbeiten, sollten Sie sich an das auf der Packung angegebene Mischungsverhältnis halten, da dieses variieren kann. In vielen Rezepten werden 850 ml Saft auf 500 g Zucker 2:1 gerechnet. Geben Sie diesen zum Saft in den Topf. Je nach Obstsorte geben Sie noch den Saft von ½ bis 1 Zitrone hinzu. Verarbeiten Sie Saft von Früchten, die von empfindlicher Farbe und Aroma sind und/oder wenig Pektin enthalten wie etwa Erdbeeren, nehmen Sie den Saft von 1 Zitrone. Bei Saft besonders pektinreicher Früchte wie etwa Apfel oder Quitte reicht der Saft von ½ Zitrone. Sie können dem Gelee auch nach Belieben noch Gewürze oder auch ein optisches Highlight, etwa Pistazien oder Möhrenstreifen, hinzugeben. Kräuter oder Alkohol gehören erst am Ende der Kochzeit in die Masse. Kochen Sie alles zusammen auf, wobei Sie ständig rühren sollten. Je nach Zuckerart lassen Sie das Ganze 3–4 Minuten sprudelnd weiterkochen, und erst am Ende fügen Sie eventuell Kräuter (klein gehackt oder in gleichmäßigen feinen Streifen) oder Alkohol (2–3 EL) hinzu. Führen Sie die Gelierprobe durch, schäumen Sie das Kochgut eventuell ab und füllen Sie die noch heiße Flüssigkeit in zuvor entsprechend vorbereitete Twist-off-Gläser. Verschrauben Sie die Deckel fest, und lassen Sie die Gläser 5–10 Minuten umgedreht auskühlen.

GELIERPROBE

Um zu prüfen, ob eine Marmelade, Konfitüre oder ein Gelee nach dem Erkalten fest wird, gibt es verschiedene Möglichkeiten. Sie können einmal kurz vor Ablauf der Kochzeit einen Teelöffel der Masse auf einen kalten Teller geben. Erstarrt die Masse, wird sie fest werden. Dabei haben Sie zudem die Möglichkeit, den Aufstrich abzuschmecken. Ebenso können Sie den Rührlöffel aus dem Kochgut nehmen und die Masse abtropfen lassen. Bleibt der letzte Tropfen am Löffel, ist der Aufstrich gelungen. Sie können aber auch einen guten Tropfen des Kochguts in kaltes Wasser geben. Wird er gleich fest, hat der Aufstrich am Ende die gewünschte Konsistenz. Alternativ können Sie auch etwas von der Masse zwischen Daumen und Zeigefinger geben. Bildet sich beim Öffnen der Finger ein Faden, wird der Aufstrich fest. Aber Vorsicht, die Masse ist heiß.

SAUBERKEIT, FRISCHE, BEVORRATUNG

und einige sehr nützliche Tipps

SAUBERKEIT UND FRISCHE

Achten Sie bei der Zubereitung von Fruchtaufstrichen auf absolute Sauberkeit. Das gilt zum einen für das eingesetzte Geschirr sowie Kochgerätschaften und zum anderen für die Gläser und Deckel. Ideal zum Befüllen sind Gläser mit Twist-off-Deckel. Gebrauchte Gläser kann man getrost wiederverwenden, sofern sie unversehrt und sterilisiert sind. Dafür die Gläser sauber ausspülen und anschließend 15 Minuten im Backofen bei 130 °C sterilisieren. Die Deckel können Sie währenddessen in kochendem Wasser sterilisieren, da sie im Backofen zu sehr austrocknen würden. Wichtig ist bei der Wiederverwendung von Gläsern, dass diese vorher nicht mit fettreichen Lebensmitteln befüllt waren. Fett lässt sich nämlich nur schwer beseitigen, was dazu führen kann, dass die neu eingefüllten Lebensmittel rascher verderben. Dasselbe gilt für die Deckel. Beides können Sie einfach und schnell über das Internet beziehen. Das Gewinde muss nach dem Befüllen unbedingt sauber sein. Sollte Ihnen also etwas daneben gegangen sein, reinigen Sie zunächst sorgfältig den Glasrand, bevor Sie das Glas verschrauben. Nur so ist das luftdichte Verschließen gewährleistet.

RICHTIGE BEVORRATUNG

Marmeladen, Konfitüren und Gelees, die richtig aufbewahrt werden, schenken Ihnen lange Freude. Voraussetzung dafür ist, dass sie kühl und trocken an einem dunklen Ort gelagert werden. Ideal ist natürlich ein Vorratskeller, wobei eine Vorratskammer sich ebenfalls anbietet. Achten Sie darauf, dass die Temperatur am Aufbewahrungsort möglichst wenig schwankt. Kalt gerührte Aufstriche hingegen müssen im Kühlschrank gelagert werden, ebenso wie Gläser, die bereits geöffnet sind.

Grundsätzlich gilt: Je frischer ein Aufstrich, desto leckerer ist er. Insbesondere wenn man mit Kräutern und Gewürzen arbeitet, kann es sein, dass diese entweder ihr frisches Aroma verlieren oder aber mit der Zeit nachwürzen. Ebenso kann sich Flüssigkeit absetzen und der Aufstrich an Farbe verlieren, was sich aber auf den Geschmack meist nicht auswirkt. Insgesamt sollten Sie nur so viel Marmelade oder Konfitüre kochen, wie Sie im laufenden Jahr auch verzehren werden. Und sollten Sie sich verschätzt haben, können Sie statt eines Kuchens das eine oder andere Glas für den Schulflohmarkt oder das Kindergartenfest beisteuern. Sie werden sicher gern genommen.

Unerlässlich ist das Beschriften und Datieren der Gläser, da die meisten Sorten mit der Zeit kaum noch voneinander zu unterscheiden sind. Achten Sie beim Einräumen der Regale auch darauf, die Gläser jüngeren Datums nach hinten zu stellen und die älteren nach vorn. Sollte Ihnen beim Anblick des frisch zubereiteten Aufstrichs der Appetit auf nicht mehr ganz jungen etwas vergehen, backen Sie doch einfach einen Kuchen und verwenden Sie den Aufstrich als Füllung. So war die Arbeit nicht umsonst.

Gekochte Konfitüren, Gelees und Marmeladen mit ausreichendem Zuckeranteil halten sich in der Regel 1 Jahr. Ist er erheblich reduziert, sollten Sie den Aufstrich schneller verbrauchen, denn er hält ca. 9 Monate. Kalt gerührte Aufstriche können Sie bis zu 4 Wochen im Kühlschrank aufbewahren, sie schmecken aber frisch am besten, da sie schnell „zerfallen".

CHILISCHOTEN

Die meisten Marmeladen, Konfitüren und Gelees lassen sich gut durch die Zugabe von etwas Chili variieren. Insbesondere rote Früchte harmonieren gut mit roten Schoten. Diese sind aber auch ein passender Begleiter für Apfel und Quitte. Bei Aufstrichen mit einer Obstsorte, etwa Erdbeere pur, kann man außerdem noch etwas Minze oder Basilikum hinzugeben. Bei der Verarbeitung von Chilischoten ist allerdings Vorsicht geboten. Das Alkaloid Capsaicin kann unangenehme Hautreizungen verursachen. Achten Sie also darauf, sich nach dem Kontakt mit der Schote nicht die Augen zu reiben. Reizungen kann man durch das Tragen von lebensmitteltauglichen Gummihandschuhen vorbeugen, die in der Apotheke erhältlich sind und die Sie nach einmaligem Gebrauch entsorgen. Sollten Sie aber keine im Haus haben, fetten Sie Ihre Hände vor dem Waschen ein, um das Capsaicin zu lösen. Anschließend waschen Sie sie gründlich. Um Chilischoten einen Teil ihrer Schärfe zu nehmen, entfernt man die Kerne sowie die weißen Innenhäute. Wer mag, dem steht frei, auch die Kerne zu verwenden. Diese können Sie auch trocknen und in einem luftdichten Glas lange aufheben. Sie können ganz oder zerstoßen zum Würzen von Saucen oder auch in Gebäck eingesetzt werden. Wenn Sie getrocknete Chilis als Ersatz für frische verwenden und Sie nach Gewicht vorgehen, benötigen Sie eine geringere Menge, da den Schoten beim Trocknen Wasser entzogen wurde. Schärfe haben sie dadurch jedoch nicht eingebüßt. Auch hier gelten die beschriebenen Vorsichtsmaßnahmen. Nehmen Sie also maximal die Hälfte, eher ein Drittel der empfohlenen Menge als Ersatz für frische Chilischoten.

VORHANDENE ERFAHRUNG NUTZEN

Die besten Tipps zur richtigen Auswahl und zum Verkochen von Obst haben immer noch unsere Mütter, Schwiegermütter, die ältere Nachbarin oder die Oma von gegenüber parat. Denn früher hatten das Einkochen und Einmachen einen ganz anderen Stellenwert als heute. Obst wurde in aller Regel selbst angebaut und geerntet. Jede Familie hatte ihre eigenen Techniken, die sich aus den unzähligen Arbeitsstunden ergaben. Suchen Sie das Gespräch, denn so erfahren Sie Wissenswertes zu längst vergessenen Obstsorten. Außerdem lassen sich ältere Menschen gern einbeziehen und freuen sich, wenn sie um Rat gefragt werden.

BEKLEIDUNG BEIM KOCHEN

Tragen Sie ein langärmliges T-Shirt oder ein Hemd, denn beim Rühren kommt es häufig vor, dass die Masse überraschend hochspritzt. So vermeiden Sie, dass die Masse direkt auf die Haut gelangt. Sollten Sie sich aber doch einmal verbrannt haben, sollten Sie die Stelle sofort kühlen, eventuell eine Salbe auftragen und die Haut bedecken. Und sollten Sie mit Kindern kochen, achten Sie darauf, dass sie sich nicht dem Herd nähern, um so Verletzungen vorzubeugen.

KOCHGERÄTE

Was Sie wirklich brauchen

Bereiten Sie nur hin und wieder einen Aufstrich selbst zu, können Sie sich wahrscheinlich der Utensilien bedienen, die ohnehin in Ihrem Haushalt vorhanden sind. Dazu gehören eine Küchenwaage, ein großer, hoher Topf, ein passender Rührlöffel, der aus dem Topf herausschaut, und ein Pürierstab. Ein scharfes Messer zum Zerkleinern der Früchte und eine Schneideunterlage sollten auch nicht fehlen. Einige Geräte können Ihnen bei häufigem Einkochen aber eine Hilfe sein. Dazu gehören:

EINFÜLLTRICHTER

Diese gibt es mittlerweile in jedem Supermarkt zur Einmachzeit oder über das Internet. Sie sind den gängigen Mündungsöffnungen von Schraubgläsern angepasst und mit den meisten Schraubgläsern kompatibel. Die nach oben hin große Öffnung verjüngt sich, somit kann auch stückige Marmelade ohne lästiges Kleckern abgefüllt werden.

ENTSTEINER

Eine unabdingbare Hilfe für das Entsteinen von Kirschen und Zwetschgen, die insbesondere bei größeren Mengen eine Erleichterung ist. Alternativ kann man natürlich auch ein Küchenmesser verwenden.

DAMPFENTSAFTER

Ein Dampfentsafter eignet sich sehr gut für die Saftgewinnung aus mittelgroßen Obstmengen. Er besteht aus mehreren passend aufeinander abgestimmten Teilen und wird – sofern er nicht über ein eigenes Heizelement verfügt – auf dem Herd betrieben (siehe S. 18).

FLOTTE LOTTE

Die Flotte Lotte ist ein Passiergerät, das Kerne, Häutchen und Schalen weitgehend aus Fruchtpürees absiebt. Sie können auch ein Küchensieb verwenden, durch das Sie das Püree streichen. Diese Vorgehensweise ist aber um einiges mühsamer als der Einsatz einer Flotten Lotte.

HITZEBESTÄNDIGE SCHNABELSCHÜSSEL

Hierbei handelt es sich um eine Rührschüssel mit einem Ausgussschnabel, durch den man das heiße Kochgut sehr einfach in die Gläser füllen kann. Alternativ kann man für das Befüllen der Gläser auch eine Suppenkelle verwenden. Sollte es jedoch dieselbe Kelle sein, mit der zuvor Schaum abgeschöpft wurde, muss sie vorher gereinigt werden.

KUPFERKESSEL

Kupfer hat von allen Metallen, die für Töpfe verwendet werden, die höchste Wärmeleitfähigkeit, wodurch sich die Hitze des Herdes gleichmäßiger verteilt. Somit brennt das Kochgut weniger schnell an. Da Kupferkessel meist eine weite Öffnung haben, kann viel Feuchtigkeit verdampfen, und zurück bleibt ein intensives Aroma. Das prädestiniert Kupfertöpfe für die Herstellung von Aufstrichen. Für die Verarbeitung von Zitrusfrüchten sind sie aufgrund deren hohen Säuregehalts aber nicht geeignet.

KURZZEITWECKER

Mithilfe eines Kurzzeitweckers können Sie die exakte Kochzeit einstellen. Falls sich an Ihrem Herd eine Uhr befindet, können Sie diese nutzen wie im Übrigen auch ein Handy oder eine Armbanduhr.

PASSIER- ODER DURCHSEIHTÜCHER

Diese Art von Tuch hat mittelweite Maschen und besteht in der Regel aus Baumwolle. Anders als etwa normale Küchenhandtücher verstopfen sie beim Abseihen nicht so schnell. Sie werden bei der Saftgewinnung für Gelee verwendet, um Fruchtsäfte von Trüb- und Schwebstoffen zu befreien. Weichen Sie es vor dem Gebrauch in einer Schüssel mit heißem Wasser ein, wringen Sie es anschließend aus, und legen Sie ein Küchensieb damit aus. Entfernen Sie hinterher die groben Rückstände, spülen Sie es unter fließendem Wasser aus, und hängen Sie es zum Trocknen auf. Es kann auch bei 30 °C in die Waschmaschine, wobei das Waschmittel nicht parfümiert sein und kein Weichspüler verwendet werden sollte.

SCHAUMLÖFFEL

Dieser große, flache Löffel besitzt viele kleine Löcher. So kann man das Kochgut ideal abschäumen, ohne dabei zu viel des guten Aufstrichs mit abzuschöpfen. Alternativ kann auch eine Suppenkelle verwendet werden, wobei dann sehr vorsichtig vorgegangen werden sollte.

TEEEIER UND MULLSÄCKCHEN

Diese eignen sich hervorragend, um Gewürze mitzukochen, die später wieder entfernt werden müssen, wie etwa Nelken oder Orangenkerne.

(ELEKTRISCHE) ZITRUSPRESSE

Eine Zitruspresse erleichtert das portionsgerechte Auspressen größerer Mengen frischer Zitronen oder Orangen.

KRÄUTER UND GEWÜRZE

Wenn im Sommer das Grün im Garten sprießt und die Tische der Marktbeschicker voll sind, macht das Einkochen besonderen Spaß. Die angebotene reiche Vielfalt sollte unbedingt genutzt werden, um die eigene Kreativität auszuleben und den persönlichen geschmacklichen Vorlieben nachzukommen. Als Faustregel könnte man sagen, dass das, was zusammen wächst, sich auch zusammen essen lässt. Manche Rezepturen oder Ideen scheinen Ihnen zunächst vielleicht nicht schmackhaft – dann lassen Sie Ihre Nase sprechen: Nehmen Sie das Obst Ihrer Wahl, und legen Sie frische Kräuter daneben – erfahrungsgemäß werden Sie schon „erriechen", ob Ihnen diese Aromenkombination auch später im Glas gefallen wird.

Kräuter mit zarten Blättchen, etwa Melisse, Basilikum oder der Zitronenthymian, dürfen ruhig großzügig zum Einsatz kommen. Bei Kräutern mit harten Nadeln oder festen Blättern, etwa Rosmarin oder auch Salbei, empfiehlt es sich, wohl zu dosieren – sie sind häufig insbesondere feinen Aromen gegenüber recht dominant und neigen dazu, diese zu überdecken. Sie können auch einige Blättchen roh verzehren, um deren Intensität zu testen. Eine schöne Möglichkeit, frische Kräuter von besonderer Güte einfach und schnell zu konservieren, sind Kräutergelees (siehe S. 166). So haben Sie ganzjährig Ihre Lieblingskräuter auf Vorrat, wobei hier die Aromen nicht stark genug sein können. Und insbesondere wenn Rosmarin oder Salbei in Ihrem Garten regelrecht explodieren sollten – zum Kompostieren viel zu schade, machen Sie Gelee daraus!

Aufstriche mit frischen Kräutern schmecken uns im Sommer besonders gut, während wir in den Wintermonaten die Aromen von Gewürzen wie Zimt und Nelken vorziehen. Verzehren und verschenken Sie also Frischgekochtes ohne Reue – der nächste Monat bringt wieder neue Früchte und somit wohlschmeckende Rezepturen.

Bedenken Sie bitte, dass Sie frische Kräuter nicht durch getrocknete ersetzen können – das Ergebnis wäre ein komplett anderes. Beim Kauf frischer Kräuter ist darauf zu achten, dass die Blätter grün und saftig, die Stängel bzw. Zweige gerade und die Schnittstellen feucht, nicht ausgefranst sind. Riechen Sie an frischen Kräutern, wenn sie im Wasser stehend zum Verkauf angeboten werden: Nehmen Sie einen „gammeligen" Geruch wahr, steht die Ware eindeutig zu lange im Wasser und ist nicht mehr frisch. Bewahren Sie frische Kräuter im Gemüsefach des Kühlschranks auf. Wickeln Sie sie zuvor in ein feuchtes Küchentuch oder Küchenkrepp. So bleiben sie bis zu 3 Tage frisch. Haben Sie größere Mengen frische Kräuter zum Beispiel aus dem eigenen Garten, so können Sie diese fein hacken und in kleinen Portionen einfrieren. So haben Sie auch im Winter immer frische Kräuter zur Hand.

Es gibt eine Vielzahl an Kräutern und ihren Verwandten. Wir beschränken uns auf den folgenden Seiten nur auf die gängigsten Sorten. Sie sind alle problemlos auf dem Wochenmarkt oder beim Gemüsehändler zu erhalten.

ANIS UND STERNANIS

Das Aroma von Sternanis ist feiner, aber auch etwas bitterer als das von Anis. Beide vertragen sich gut mit dem von Zimt, Nelken, Ingwer und Rotwein, wollen aber wohl dosiert sein. Beide Gewürze passen vor allem zu Apfel- oder Pflaumenaufstrich.

BASILIKUM

Die Blätter des Basilikums schmecken angenehm frisch-würzig, und sie werden als kühlend empfunden. Sie passen gut zu Obst mit feinem Aroma, etwa Erdbeeren und Himbeeren, aber auch zu Äpfeln sowie zu Tomaten und Gelee aus Tomatensaft. Zu Pflaumen hingegen passt Basilikum nicht, insgesamt erhält man aber einen sehr leckeren (Frühstücks-)Aufstrich. Da Basilikum unschön verkocht – die Blätter werden klein und dunkel –, empfiehlt es sich, die zarten Blätter von vornherein etwa mit einem Wiegemesser zu zerkleinern.

CHILISCHOTEN – ROT, GRÜN UND GELB

Scharfe Schoten jeglicher Art – ob Chilischote, Pfefferschote, Peperoni oder Peperoncini – halten stetig Einzug in die moderne Küche. Für Fruchtaufstriche sind sie ideal, denn sie geben eine angenehm warme Schärfe, ohne dabei das Aroma der Früchte zu verändern.

ESTRAGON
hat ein fein-würziges Aroma. Er verleiht Ihren Fruchtaufstrichen eine ganz milde Schärfe und gleichzeitig einen süßlichen Geschmack, der etwas an Anis erinnert. Er passt toll zu Kirschen und Äpfeln, aber auch zu Orangen oder kräftigen Weingelees. Seine Blätter sollten Sie klein schneiden, da sie unschön verkochen.

FENCHELSAMEN
Der Geschmack von Fenchelsamen erinnert an den von Anis und hat ein leichtes Lakritzaroma. Insgesamt wirken Fruchtaufstriche unter ihrer Zugabe eher herzhaft, sodass sie für Sommerrezepte nicht so geeignet sind, für die Winterküche aber umso mehr.

GRÜNER PFEFFER
hat eine mildere Würze als schwarzer Pfeffer und ein ganz eigenes Aroma. Toll schmeckt er an Sommerobst wie Erdbeeren, Aprikosen und Pfirsichen. Wohl dosiert macht er Ihre Konfitüre oder Marmelade zu einem anregenden Frühstücksaufstrich. Kombiniert mit Ingwer oder Wein passt er auch gut zu Herzhaftem, etwa Gegrilltem oder zu Käse. Er ist hin und wieder im Handel komplett vergriffen, deshalb legen Sie sich einen kleinen Vorrat zu. Verwenden Sie unbedingt getrocknete grüne Pfefferkörner, da eingelegte aufgrund der Lake ganz anders, in Fruchtaufstrichen eher „modrig" schmecken.

INGWER
ist von frischer, würziger und eher „kalter" Schärfe. Wenn Sie mit seinem Einsatz noch nicht so vertraut sind, verwenden Sie ihn sparsam. Ingwer lässt sich bei erhöhter Luftfeuchtigkeit und kühler Temperatur sehr gut lagern. Dafür sollten Sie ihn in ein feuchtes Tuch wickeln und im Gemüsefach des Kühlschranks aufbewahren.

KARDAMOM
gehört zur Familie der Ingwergewächse und hat ein würziges, süßlich-scharfes Aroma. In unseren Rezepten findet er vor allem in der Winterküche Verwendung.

KORIANDERKÖRNER
besitzen ein würziges Aroma, das sich gut mit dem von Zimt und Rotwein verbinden lässt. Duft und Geschmack erinnern ein wenig an Orangenschale, Salbei und Orangenthymian. Zu Pflaumen und Äpfeln dürfen sie in der Winterküche nicht fehlen.

LORBEER
ist im Handel meist als ganze Blätter erhältlich, hat ein sehr intensives, dominierendes Aroma. Dosieren Sie ihn vorsichtig, indem Sie 2–3 Blätter zum Kochgut geben und diese hinterher entfernen. Er harmoniert wunderbar mit dunklen Beeren, wie etwa Brombeeren, deren Aroma er hebt.

MINZE
hat ein sehr frisches, kühlendes Aroma. Sie kann mit allen Sommerobstsorten kombiniert werden. Marmeladen, Konfitüren und Gelees mit Minze ergeben einen wunderbaren Frühstücksaufstrich. Toll ist auch ein kräftiges Minzgelee, das wiederum auch zu Herzhaftem passt.

MEERRETTICH
verleiht einem Aufstrich eine frische Würze. Seine Schärfe geht übrigens auf das reichlich enthaltene Senföl zurück. Kombinieren Sie ihn mit Erdbeeren, Äpfeln und Birnen, denn er verleiht diesem Obst mehr Volumen.

NELKEN
oder auch Gewürznelken haben einen sehr aromatischen, süßen Duft. Vom Geschmack her sind sie eher würzend-scharf. Alternativ können Sie Nelkenpulver verwenden. Beides sollten Sie jedoch äußerst sparsam einsetzen, damit ihr Aroma nicht vorschmeckt. Ganze Nelken sind vor dem Abfüllen aus der heißen Masse zu entfernen.

ORANGENTHYMIAN
Sein Aroma ist frischer und milder als das des Thymians. Man kann ihn toll mit Erdbeeren, Aprikosen, Pfirsichen, also Obst mit empfindlichem Aroma, kombinieren. Aufstriche mit Orangenthymian sind besonders lecker zum Frühstück.

PIMENT
Geschmacklich erinnert Piment an Gewürznelken, allerdings hat er eine deutlich pfeffrigere Note. Er findet vor allem Verwendung für weihnachtliche Aufstriche.

ROSA BEEREN

Rosa Beeren sind mit dem schwarzen Pfeffer eigentlich nicht verwandt. Sie haben eine mildere Schärfe als schwarzer Pfeffer und eine ganz feine, eigene Note. Besonders hübsch sehen sie kombiniert mit gelbem Obst aus, dem sie zudem eine zarte Würze verleihen.

ROSMARIN

hat ein sehr würziges, fast weihrauchartiges Aroma. Wohl dosiert empfinden wir ihn als mediterran. Er passt zu Erdbeeren, wodurch er eine „freundliche Aura" erhält. Passende Begleiter sind Äpfel, und als Gelee verarbeitet ist der Rosmarin weniger streng. Der fertige Aufstrich geht gut zu Herzhaftem, etwa kurzgebratenem Fleisch, zu Frischkäse und als Dip zu Raclette und Fondue. Die Nadeln sollten Sie sehr klein schneiden oder Sie verwenden ganze Zweige, die Sie vor dem Abfüllen wieder entfernen (Ausnahme Rosmaringelee, hier gehört ein Zweig ins Glas).

SALBEI

ist ein sehr kräftiges Kraut und neigt zur Dominanz. Sein leicht bitterer Geschmack ist für viele gewöhnungsbedürftig. Als Kräutergelee passt er toll zu Pasta in Sahnesauce und zu Lammfleisch.

THYMIAN

hat einen kräftigen, stark würzigen Geschmack. Für Marmeladen und Konfitüren werden seine Blätter und für Gelees aus Gründen der Optik ganze Zweige verwendet. Sein Aroma empfinden wir als mediterran. Er passt vor allem zu Äpfeln und Birnen, da er ihnen Charakter verleiht. Bei Obst mit dominantem Aroma – etwa Orangen oder auch Kürbis – kann man mit Thymian interessante Akzente setzen. Ganz hervorragend ist Thymiangelee (siehe S. 166). Grundsätzlich passen Aufstriche mit diesem Kraut zu Herzhaftem, vor allem Ziegen-, Schafs- und Briekäse, und sie eignen sich als Dip zu Raclette und Fondue.

SAFRAN

gilt als eines der teuersten Gewürze der Welt, da die empfindlichen Fäden von Hand aus den Blüten gezupft werden müssen. Glücklicherweise ist er von hoher Würzkraft, weshalb er nur sparsam eingesetzt werden sollte.

SCHWARZER PFEFFER

eignet sich eigentlich nicht so gut für Aufstriche. Aufgrund ihrer Farbe muten zerstoßene schwarze Körner oft wie Schmutzpartikel an, außerdem ist sein Aroma sehr dominant. Als Alternative zu grünem Pfeffer oder Rosa Beeren ist er also nicht geeignet. Nehmen Sie im Zweifelsfall bunten Pfeffer.

VANILLE

wird auch als Königin der Gewürze bezeichnet. Sie ist nach Safran das zweitteuerste Gewürz. Vanilleschoten verleihen Ihrem Aufstrich ein duftiges, besonders weiches Aroma. Seien Sie hingegen sparsam mit Vanillezucker, der schnell süß schmeckt. Vanillinzucker kommt nicht infrage, da sein Aroma nicht mit dem der Vanilleschote zu vergleichen ist.

ZIMT

wird aus der getrockneten Rinde des Zimtstrauchs gewonnen. Bei einer Zimtstange handelt es um ein Stück Rinde, das sich durch den Trockenvorgang zusammengerollt hat. Zimt ist auch als Pulver gemahlen erhältlich. Zimt passt schön zu Vanille und schmeckt in dieser Kombination bereits im Spätsommer. In anderen Ländern, beispielsweise in Spanien, wird Zimt ganzjährig genossen.

ZITRONENGRAS

sieht ein bisschen aus wie Frühlingszwiebel. Sein Aroma ist frisch, ein wenig säuerlich und zitronenartig mit einem Hauch von Rosenduft. Einem Aufstrich verleiht es eine exotische Note. Zitronengras kann ans Kochgut gegeben werden und sollte vor dem Abfüllen entfernt werden.

ZITRONENMELISSE

lässt sich von allen Kräutern am besten für Fruchtaufstriche verarbeiten, da ihr frischer, kräftiger zitronenartiger Geschmack sich mit allen Sommerobstsorten gut verträgt. Sie lässt sich außerdem gut mit Basilikum kombinieren. In jedem Fall erhalten Sie einen tollen sommerlichen Aufstrich.

ZITRONENTHYMIAN

besitzt ein tolles, leicht süßliches Aroma wie das von Zitronen. Verwenden Sie ihn wie Orangenthymian.

PANNENHILFE

Es kann immer mal was passieren – gut, wenn man sich dann zu helfen weiß

WAS TUN, WENN …

… DER AUFSTRICH NICHT FEST WIRD?
Es gibt Obstsorten, die einige Tage brauchen, um vollständig zu gelieren. Dazu zählen zum Beispiel Quitten oder auch Holunder. Nicht nur bei diesen Gelees, sondern auch bei Erdbeerkonfitüre kann dieser Prozess länger dauern. Was aber ist zu tun, wenn ein Aufstrich tatsächlich nicht fest wird? Sie können ihn selbstverständlich unter Zugabe von etwas Zitronensaft noch einmal aufkochen. Machen Sie nach ca. 2–4 Minuten die Gelierprobe. Ist diese erfolgreich, füllen Sie das Kochgut ab. Das erneute Aufkochen ist allerdings sehr aufwendig: Die Gläser müssen geleert werden, wobei ein Gutteil im Glas bleibt, und anschließend müssen die Gläser erneut gereinigt und sterilisiert werden. Und wenn man Pech hat, wird der Aufstrich trotz erneuten Kochens nicht fest. Deklarieren Sie daher diese Gläser einfach um: So wird aus dem flüssigen Aufstrich eine fruchtige Dessertsauce, denn geschmacklich gibt es sicher nichts auszusetzen. Reichen Sie sie zu Crêpes oder Pfannkuchen, zu Eis und Obstsalaten und verfeinern Sie damit Joghurt und Milchshakes. Gedanken sollten Sie sich erst machen, wenn Ihnen die gleiche Marmelade oder Konfitüre mehrfach nicht gelingen will. Überprüfen Sie in dem Fall noch einmal die Angaben im Rezept und entscheiden Sie sich eventuell für eine andere Zuckerart. Möglicherweise haben Sie auch Früchte verwendet, die aufgrund einer längeren Regenperiode mehr Wasser als üblich enthalten. Dann sollten Sie einen Teil des Obstes durch eine andere, gut gelierende oder bindende Frucht, etwa Bananen oder Äpfel, ersetzen.

… DER AUFSTRICH MIT DER ZEIT GRAU WIRD?
Farbverlust bei Fruchtaufstrichen ist auf die teilweise Zerstörung der Farbstoffe beim Kochen und auf den Lichteinfluss bei der anschließenden Lagerung zurückzuführen. Am häufigsten sind Erdbeerkonfitüren betroffen. Obwohl der Farbverlust tatsächlich keinen Einfluss auf den Geschmack hat, isst das Auge bekanntermaßen mit und suggeriert uns, dass der Aufstrich nicht in Ordnung ist. Geben Sie zukünftig einen Schuss Kirsch- oder Johannisbeersaft an das Kochgut, und arbeiten Sie mit ausreichend Zitronensaft. Beides sorgt für eine satte Farbe, die Bestand hat.

… EIN GLAS BEIM BEFÜLLEN GESPRUNGEN IST?
Bei aller Vorsicht können Gläser beim Abfüllen des Kochguts springen, was vor allem dann passiert, wenn man Gläser zum wiederholten Male verwendet. Dann sollte das Glas samt Inhalt entsorgt werden, da man nicht absehen kann, ob sich Glassplitter in der heißen Masse befinden.

… SICH SCHIMMEL IM GLAS BILDET?

Manche Obstsorten sind anfälliger für die Bildung von Schimmel als andere. Verwenden Sie daher lieber kleinere Gläser, die Sie zügig aufbrauchen können. Kommt es einmal zu Schimmelbildung, muss der gesamte Inhalt entsorgt werden. Bei dem sichtbaren Schimmel handelt es sich nur um die Blüte, wie bereits auf S. 12 näher beschrieben. Schimmelpilze schädigen die Gesundheit und sollten nicht verzehrt werden. Manchmal merkt man bereits am gewölbten Deckel, dass der Inhalt verdorben ist.

… DAS KOCHGUT ANGEBRANNT IST?

Wenn Sie vermuten, dass das Kochgut angebrannt ist – was bei Fruchtaufstrich nicht immer sofort festzustellen ist –, nehmen Sie den Topf unmittelbar vom Feuer, rühren Sie nicht weiter um. Denn eventuell haben Sie Glück und die Masse hat eben erst begonnen, am Topfboden anzusetzen. Lassen Sie ihn abkühlen, nehmen Sie einen Löffel und sollte der Aufstrich noch schmecken, füllen Sie den oberen Teil in einen sauberen Topf um und kochen ihn fertig. Schmeckt der Aufstrich bereits verbrannt, gehört er nicht mehr auf den Tisch, sondern erkaltet in die Biotonne oder auf den Komposthaufen. Sobald Sie beim Rühren einen Widerstand auf dem Topfboden feststellen, wissen Sie, dass die Masse angebrannt ist.

Stark verbrannte Kochtöpfe können Sie übrigens leicht reinigen, indem Sie sie mit Wasser füllen, Geschirrspülreiniger hinzugeben und alles leise köcheln lassen. Nach spätestens 30 Minuten können Sie das Angebrannte ganz leicht mit der Spülbürste entfernen.

… BEI STÜCKIGEN AUFSTRICHEN UND GELEES MIT KRÄUTERN IMMER ALLES OBEN SCHWIMMT?

Dem können Sie ganz leicht entgegenwirken, indem Sie die noch warmen Gläser immer mal wieder vorsichtig umdrehen, aber nicht schütteln. Sobald die Masse ausreichend geliert ist, können sich Fruchtstückchen oder andere Zusätze nicht mehr ganz so einfach bewegen und verteilen sich gleichmäßig im Glas.

… DER AUFSTRICH ÜBERWÜRZT IST?

Hier gilt ähnliches wie beim Aufstrich, der nicht richtig fest geworden ist: Bevor Sie ihn „verschlimmbessern", setzen Sie ihn einfach anders ein. Ein Aufstrich, dessen Gewürze stark vorschmecken, lässt sich prima mit Quark abmildern. Zu Fleisch und Käse, zu Raclette oder Fondue ist er möglicherweise genau der richtige Dip. Der Aufstrich kann außerdem in Fleisch- und Salatsaucen oder auch als Topping eingesetzt werden. Und merken Sie sich den Übeltäter, verwenden Sie zukünftig etwas weniger davon.

Für ca. 8 Gläser à 250 ml

ZUBEREITUNG ca. 45 Minuten
RUHEZEIT mind. 8 Stunden
HALTBARKEIT etwa 12 Monate

ZUTATEN
1,3 kg reife Erdbeeren
(geputzt ca. 1,1 kg)
1 kg Gelierzucker 1:1
1 ½ große unbehandelte Zitronen

AUSSERDEM BRAUCHEN SIE
8 Gläser mit Schraubverschluss
(sauber vorbereitet, siehe S. 20)
1 großen Topf von mind. 4, besser 5 Litern Inhalt
1 Pürierstab
1 großen Holzkochlöffel

KOCHSCHULE KONFITÜRE

Am Grundrezept Erdbeere pur

VORBEREITUNG

Erdbeeren waschen, putzen und die großen Früchte halbieren. Mit dem Zucker in einem großen Topf mischen und mind. 8 Stunden, am besten über Nacht, zum Saftziehen stehen lassen. Am nächsten Tag diese Mischung fein pürieren. Wenn Sie stückigen Erdbeeraufstrich mögen, stellen Sie etwa ein Drittel der Mischung zunächst zur Seite und geben Sie es nach dem Pürieren wieder hinzu. Die Zitronen heiß abwaschen, trocken reiben und etwa 1 TL Schale abreiben. Den Saft auspressen und beides in den Topf geben.

ZUBEREITUNG

Die Fruchtmischung bei starker Hitze und unter ständigem Rühren zum Kochen bringen, bis sie kräftig sprudelt. Erst jetzt beginnt die Kochzeit. 4 Minuten sprudelnd kochen lassen, dabei ständig weiterrühren. Die Gelierprobe durchführen (siehe S. 19). Das Kochgut eventuell abschäumen und damit die vorbereiteten Gläser randvoll befüllen. Diese sofort mit dem Schraubdeckel verschließen und 5–10 Minuten auf dem Kopf stehen lassen.

ANMERKUNG

Erdbeeraufstrich schmeckt grundsätzlich eher süß, und zwar unabhängig vom verwendeten Zucker. Wichtig für die Erdbeere ist viel Zitronensaft. Dieser „erdet" die Erdbeere, unterstützt also den Fruchtgeschmack und sorgt außerdem dafür, dass sich die leuchtend rote Farbe lange hält. Wenn Sie den Aufstrich längere Zeit lagern wollen, können Sie außerdem einen Schuss Kirsch- oder Johannisbeersaft zugeben. So hält die Farbe ein ganzes Jahr.

VARIANTE ERDBEERE PUR MIT „SCHUSS"

Für mehr Abwechslung können Sie Ihren Erdbeeraufstrich ganz leicht mit Alkohol aromatisieren. Geben Sie diesen unbedingt erst am Ende der Kochzeit hinzu, denn Hochprozentiges „bricht" das Pektin, wodurch der Aufstrich unter Umständen nicht fest wird. 2–3 EL reichen jeweils aus.

ORANGENLIKÖR macht den Aufstrich feinherb
CASSISLIKÖR macht ihn fruchtig und dunkel
GRAPPA macht ihn ebenfalls feinherb
RUM verleiht ihm ein warmes Aroma
MANDELLIKÖR gibt ihm ein warmes, feinherbes Aroma
ANISSCHNAPS gibt ihm ein warmes Lakritz-Aroma
TEQUILA sorgt für eine etwas herbere Note als Grappa
CAMPARI verleiht ihm die für Campari typische, leicht bittere Note

TIPP

Wenn Sie Erdbeere pur mögen, könnte Ihnen auch schmecken:

ERDBEERE MIT RHABARBER (S. 41)
ERDBEERE MIT WEISSER SCHOKOLADE (S. 54)
ERDBEERE MIT „BISS" (S. 48)

1

2

5

6

3

4

7

8

Für ca. 9 Gläser à 250 ml

ZUBEREITUNG ca. 45 Minuten
HALTBARKEIT etwa 12 Monate

EIGENSCHAFTEN
Sattes Gelb, besonders fruchtig, dabei feinbitter, festere Konsistenz

ZUTATEN
1,2 kg unbehandelte Orangen
500 ml frisch gepresster Orangensaft
Saft von 1 ½ Zitronen
750 g Gelierzucker 2:1

AUSSERDEM BRAUCHEN SIE
9 Gläser mit Schraubverschluss (sauber vorbereitet, siehe S. 20)
1 großen Topf von mind. 4, besser 5 Litern Inhalt
1 Pürierstab
1 großen Holzkochlöffel
1 Musselintuch

KOCHSCHULE MARMELADE

Am Grundrezept Orange pur

VORBEREITUNG

Die Orangen heiß abwaschen, eventuell abbürsten und trocken reiben. Die Schale mit einem Zestenreißer fein abschälen, anschließend die verbleibende Schale entfernen. Die Fruchtfilets aus den Trennhäuten lösen, die weiße Haut und die Kerne in ein Musselintuch geben und dieses dann locker verknoten. Etwas weniger aufwendig für Sie ist es, wenn Sie Orangenfruchtfleisch in Stücke schneiden, pürieren und nach Belieben passieren. Die Orangenschale je nach gewünschter Dicke und Länge nochmals schneiden und mit dem Orangen- und Zitronensaft sowie dem Musselinbeutel in einen großen Topf geben. Die Masse ca. 1 Stunde köcheln lassen, bis die Schalen weich sind. Den Musselinbeutel ausdrücken und herausnehmen. Die Orangenfilets derweil in einem gesonderten Behältnis gut pürieren.

ZUBEREITUNG

Die pürierten Orangenfilets mit dem Zucker in den Topf geben und vorsichtig alles unter ständigem Rühren erhitzen, bis sich der Zucker aufgelöst hat. Anschließend die Masse aufkochen und 4 Minuten sprudelnd kochen lassen, dabei ständig weiterrühren. Die Gelierprobe durchführen (siehe S. 19). Das Kochgut eventuell abschäumen und die vorbereiteten Gläser randvoll damit befüllen. Mit dem Deckel fest verschließen und die Gläser 5–10 Minuten auf den Kopf stellen.

VARIANTEN

Wer mag, variiert diesen Aufstrich wahlweise mit 4–6 EL Orangenlikör, Cognac, Portwein oder Whisky, 1 Zimtstange oder 1 Vanilleschote, einigen Kardamomsamen oder Sternanis, 1–3 kleinen getrockneten Chilischoten oder getrockneten grünen oder schwarzen Pfefferkörnern. Lecker schmecken auch die abgezupften Blättchen von etwa 25 zuvor sorgfältig gereinigten Thymianzweigen. 1–2 EL Lavendelblüten geben diesem Aufstrich eine herrlich mediterrane Note.

INFO

Schalen von Orangen und anderen Zitrusfrüchten sind reich an ätherischen Ölen und daher gut zum Aromatisieren geeignet. Zum Schutz vor Schimmelbefall und Austrocknung werden Orangen nach der Ernte mit synthetischen Pflanzenschutzmitteln sowie mit Konservierungsmitteln behandelt. Möchte man die Schalen zum Verzehr nutzen, sollte man daher auf unbehandelte Orangen zurückgreifen. Bio-Orangen sind nicht mit synthetischen Mitteln behandelt und daher zu empfehlen. Falls diese mal nicht erhältlich sind, sollten die Orangen am besten mehrfach mit heißem Wasser abgewaschen werden. Jedoch sind nicht alle dieser Pflanzenschutz- und Konservierungsmittel wasserlöslich.

TIPP

Wenn Sie Orange pur mögen, könnte Ihnen auch schmecken:

CAMPARI-BLUTORANGE (S. 136)
DREI FRÜCHTE – ENGLISCHE ART (S. 139)
GRAPEFRUIT MIT TEQUILA (S. 130)

1

2

3

4

5

BEEREN

ERDBEERE MIT RHABARBER

Für ca. 8 Gläser à 250 ml

ZUBEREITUNG ca. 45 Minuten
RUHEZEIT mind. 3 Stunden
HALTBARKEIT etwa 12 Monate

EIGENSCHAFTEN
Leicht säuerlich, hellrot und von cremiger Konsistenz

ZUTATEN
1 kg reife Erdbeeren (geputzt ca. 800 g)
1 kg Gelierzucker 1:1
1 ½ unbehandelte Zitronen
400 g Rhabarber (geputzt ca. 300 g)
1 Vanilleschote

VORBEREITUNG

Bereiten Sie alles nach dem Grundrezept „Erdbeere pur" vor (siehe S. 30). Den Rhabarber putzen, waschen und schälen. In kleine Stücke schneiden und mit den Erdbeeren pürieren. Wenn Sie lieber stückigen Aufstrich mögen, stellen Sie jeweils ein Drittel der Früchte beiseite, die nach dem Pürieren der Fruchtmischung wieder zugegeben werden. Die Vanilleschote längs halbieren, das Mark herauskratzen und zusammen mit der Schote zum Kochgut geben.

ZUBEREITUNG

Gehen Sie bei der Zubereitung wie im Grundrezept beschrieben vor. Entfernen Sie die Vanilleschote vor dem Abfüllen in die Gläser.

VARIANTEN

Statt der Vanilleschote können Sie auch ein Vanille-Aroma verwenden. Wenn Sie beides nicht mögen, können Sie den Aufstrich mit 2 EL Rum oder auch Orangenlikör verfeinern. Auf die gleiche Weise können Sie auch einen Himbeer-Rhabarber-Aufstrich herstellen.

TIPP

Wenn Sie Erdbeere mit Rhabarber mögen, könnte Ihnen auch schmecken:

RHABARBER KREATIV (S. 126)
ERDBEERE MIT SOMMERKRÄUTERN ODER VANILLE (S. 42)
RHABARBER PUR (S. 125)

ERDBEERE MIT SOMMERKRÄUTERN ODER VANILLE

Für ca. 8 Gläser à 250 ml

ZUBEREITUNG ca. 45 Minuten
Ruhezeit mind. 3 Stunden
Haltbarkeit etwa 9 Monate

ZUTATEN
1,3 kg reife Erdbeeren (geputzt ca. 1,1 kg)
1 kg Gelierzucker 1:1
1 ½ große unbehandelte Zitronen
nach Belieben
10–15 Stängel bzw. Zweige
Zitronenmelisse,
Minze,
Zitronenthymian,
Rosmarin,
Lavendel oder Basilikum
oder
1 Vanilleschote

VORBEREITUNG

Bereiten Sie alles nach dem Grundrezept „Erdbeere pur" vor (siehe S. 30).

ZUBEREITUNG MIT KRÄUTERN

Am Kochtag die Kräuter vorsichtig abbrausen, mit Küchenkrepp trocken tupfen und die Blätter abzupfen. Je nach Geschmack fein hacken. Bei der weiteren Zubereitung verfahren Sie, wie im Grundrezept beschrieben. Am Ende der Kochzeit geben Sie die Kräuter in die heiße Masse. Bei dem Erdbeeraufstrich können Sie auch verschiedene Kräuter mischen, etwa Melisse und Basilikum oder Melisse und Thymian. Wenn Sie die Nadeln des Rosmarins als störend empfinden, geben Sie ganze Zweige in das Kochgut, verschließen den Topf und entfernen diese nach ca. 30 Minuten. Die Masse sollte vor dem Umfüllen in die Gläser in jedem Fall noch einmal vorsichtig aufkochen.

HINWEIS

Da das Aroma der Kräuter schnell verfliegen kann, geben Sie diese immer erst am Ende der Kochzeit hinzu. Bedenken Sie auch, dass die Beigabe der meisten Kräuterarten die Haltbarkeit des Aufstrichs um etwa 3 Monate verringert.

ZUBEREITUNG MIT VANILLE

Die Vanilleschote längs halbieren, das Mark herauskratzen und beides zur Erdbeer-Zucker-Mischung geben. Verfahren Sie bei der weiteren Zubereitung, wie im Grundrezept beschrieben. Entfernen Sie die Vanilleschote vor dem Abfüllen in die Gläser.

MINZE UND ZITRONENMELISSE geben dem Aufstrich ein frisches Aroma
BASILIKUM macht ihn süßlich-feinherb
ROSMARIN verleiht ihm eine sehr herbe Note; gehen Sie daher eher sparsam damit um
LAVENDEL „parfümiert" stark; auch damit eher sparsam sein
ZITRONENTHYMIAN verleiht ihm eine herbe Frische
GEWÖHNLICHER THYMIAN hat ein sehr eigenes, kräftiges Aroma, daher wohl dosieren

Erdbeere mit Minze können Sie auch eine CHILISCHOTE zugeben. Diese waschen, Kerne sowie weiße Innenhäute entfernen, in feine Würfelchen schneiden und von Anfang an mitkochen.

TIPP

Wenn Sie Erdbeere mit Sommerkräutern oder Vanille mögen, könnte Ihnen auch schmecken:

KIRSCHRAGOUT MIT PORTWEIN UND ESTRAGON (S. 89)
APRIKOSE ODER PFIRSICH MIT KRÄUTERN (S. 99)
KRÄUTERGELEES AUF APFELBASIS, THYMIANGELEE (S. 166)

ERDBEERE MIT JOHANNISBEEREN

Für ca. 10 Gläser à 250 ml

ZUBEREITUNG ca. 45 Minuten
RUHEZEIT mind. 3 Stunden
HALTBARKEIT etwa 12 Monate

EIGENSCHAFTEN
Sehr fruchtig, leicht säuerlich, festere Konsistenz

ZUTATEN
1,2 kg reife Erdbeeren (geputzt ca. 1 kg)
1,3 kg Gelierzucker 1:1
1 ½ unbehandelte Zitronen
600 g Rote oder Schwarze Johannisbeeren (verlesen ca. 500 g)

TIPP

Wenn Sie Erdbeere mit Johannisbeeren mögen, könnte Ihnen auch schmecken:

ROTE JOHANNISBEERE MIT CAMPARI (S. 76)
KIR-ROYAL – SCHWARZE JOHANNISBEERE MIT SEKT (S. 77)
KIRSCHEN MIT HOLUNDERBEEREN – BAUERNSCHMAUS (S. 84)

VORBEREITUNG

Bereiten Sie alles nach dem Grundrezept „Erdbeere pur" vor (siehe S. 30). Johannisbeeren nur kurz waschen, gut abtropfen lassen und abzupfen. Mit den Erdbeeren und dem Zucker vermengen und Saft ziehen lassen.

ZUBEREITUNG

Bei der Zubereitung verfahren Sie, wie im Grundrezept beschrieben.

VARIANTEN

Erdbeeren mit Roten Johannisbeeren können Sie mit 2–3 EL Campari verfeinern. Die Mischung mit Schwarzen Johannisbeeren kann mit der gleichen Menge Cassislikör aromatisiert werden. Selbstverständlich können Sie statt der Johannisbeeren auch die gleiche Menge Himbeeren, Kirschen oder Brombeeren nehmen. Zu Himbeeren passt Himbeergeist oder Rum, zu Kirschen Mandel- und zu Brombeeren Cassislikör oder Birnenschnaps.

ERDBEERE MIT ZITRUSFRÜCHTEN

Für ca. 8 Gläser à 250 ml

ZUBEREITUNG ca. 45 Minuten
RUHEZEIT mind. 3 Stunden
HALTBARKEIT etwa 9–12 Monate

EIGENSCHAFTEN
Sehr fruchtig, feinherb, schöne Farbe und angenehme Konsistenz

ZUTATEN
1 kg reife Erdbeeren (geputzt ca. 800 g)
1 kg Gelierzucker 1:1
2 unbehandelte Zitronen
½ Bund Zitronenmelisse (ca. 20–25 Blätter)
oder 300 g unbehandelte Orangen
oder 300 g unbehandelte Grapefruits

FÜR DIE VARIANTE
mit Orange oder Grapefruit benötigen Sie zusätzlich noch den Saft von 1 ½ Zitronen.

TIPP

Wenn Sie Erdbeere mit Zitrusfrüchten mögen, könnte Ihnen auch schmecken:

HIMBEERE MIT GELBEM OBST (S. 67)
FRUCHTIGE ORANGE (S. 131)
ORANGENGELEE MIT ORANGENLIKÖR (S. 140)

VORBEREITUNG

Bereiten Sie alles nach dem Grundrezept „Erdbeere pur" vor (siehe S. 30). Für die Kombination mit Orange deren Schale heiß abwaschen, trocken reiben und in feinen Zesten abziehen. Die Filets sorgfältig aus den Trennhäuten lösen, pürieren und zusammen mit den Zesten zu den Erdbeeren geben. Für die Grapefruit-Variante die Grapefruits schälen, die Grapefruitfilets sorgfältig aus den Trennhäuten lösen, pürieren und zu den Erdbeeren geben. Pürieren Sie Zitrusfrüchte grundsätzlich vollständig durch, da Stücke zu sauer vorschmecken können.

VARIANTE

Für die Variante mit Zitrone und Melisse die Zitronen heiß abwaschen, trocken reiben und die Schale einer Zitrone fein abreiben. Dann beide Zitronen sorgfältig schälen und die Filets aus den Trennhäuten lösen, anschließend pürieren. Melisse waschen, die Blätter von den Stielen zupfen und in Streifen schneiden.

ZUBEREITUNG

Bei der Zubereitung verfahren Sie, wie im Grundrezept beschrieben. Bei der Variante mit Zitronenmelisse und Zitrone geben Sie die Melisse erst am Ende der Kochzeit hinzu.

ANREGUNG

Man kann die Orangen-Variante am Ende der Kochzeit mit 2–3 EL Orangenlikör verfeinern.

ERDBEERE EXOTISCH

Für ca. 8 Gläser à 250 ml

ZUBEREITUNG ca. 45 Minuten
RUHEZEIT mind. 3 Stunden
HALTBARKEIT etwa 12 Monate

ZUTATEN
1 kg reife Erdbeeren
(geputzt ca. 800 g)
1 kg Gelierzucker 1:1
1 ½ unbehandelte Zitronen
500 g Mangos, ca. 2 Stück
(geputzt ca. 300 g),
oder entsprechend Papayas,
Ananas oder Kiwis

VORBEREITUNG

Bereiten Sie alles nach dem Grundrezept „Erdbeere pur" vor (siehe S. 30). Pürieren Sie die Erdbeeren vollständig durch, da dieser Aufstrich mit den gewürfelten „Exoten" stückig genug ist. Das Obst Ihrer Wahl nun je nach Sorte waschen und schälen, den Kern der Mangos bzw. die Kerne der Papayas entfernen. Die Früchte in kleine, ca. 1 cm große Würfel schneiden und diese zum Erdbeerpüree geben.

ZUBEREITUNG

Bei der Zubereitung verfahren Sie, wie im Grundrezept beschrieben.

ANREGUNG

Der exotische Erdbeeraufstrich eignet sich auch toll als Fruchtsauce, etwa zu Eis, Waffeln oder Crêpes. Dafür den Aufstrich einfach leicht erwärmen.

TIPP

Wenn Sie Erdbeere exotisch mögen, könnte Ihnen auch schmecken:

ERDBEERE MIT BANANE (S. 49)
BANANE FRUCHTIG KOMBINIERT (S. 146)
ANANAS PUR UND KREATIV (S. 148)

ERDBEERE MIT „BISS"

Für ca. 8 Gläser à 250 ml

ZUBEREITUNG ca. 45 Minuten
RUHEZEIT mind. 3 Stunden
HALTBARKEIT etwa 12 Monate

EIGENSCHAFTEN
Vollfruchtiges Aroma mit nussigem Charakter

ZUTATEN
1,3 kg reife Erdbeeren (geputzt ca. 1,1 kg)
1 kg Gelierzucker 1:1
1 ½ unbehandelte Zitronen
ca. 50–70 g gehackte Pistazienkerne, Mandeln oder Walnüsse (je nach Belieben auch bis zu 100 g)

VORBEREITUNG

Bereiten Sie alles nach dem Grundrezept „Erdbeere pur" vor (siehe S. 30). Geben Sie nach dem Pürieren die gehackten Pistazienkerne, Mandeln oder Walnüsse hinzu.

ZUBEREITUNG

Bereiten Sie alles wie im Grundrezept beschrieben zu.

VARIANTEN

Dem Aufstrich mit Pistazien können Sie am Ende der Kochzeit einige Tropfen Buttervanille-Aroma hinzugeben. Der Aufstrich mit Mandeln lässt sich mit 2 EL Mandellikör oder einigen Tropfen Bittermandel-Aroma noch verfeinern.

TIPP

Wenn Sie Erdbeere mit „Biss" mögen, könnte Ihnen auch schmecken:

ZWETSCHGE MIT KARAMELLISIERTEN WALNÜSSEN (S. 96)
APRIKOSE ODER PFIRSICH MIT PISTAZIEN (S. 101)
BRATAPFEL (S. 110)

ERDBEERE MIT BANANE

Für ca. 8 Gläser à 250 ml

ZUBEREITUNG ca. 45 Minuten
RUHEZEIT mind. 3 Stunden
HALTBARKEIT etwa 12 Monate

EIGENSCHAFTEN
Sehr fruchtig, festere Konsistenz

ZUTATEN
1 kg reife Erdbeeren
(geputzt ca. 800 g)
700–800 g Gelierzucker 1:1
1 ½ unbehandelte Zitronen
600 g Bananen
(geschält ca. 300 g)

VORBEREITUNG

Bereiten Sie alles nach dem Grundrezept „Erdbeere pur" vor (siehe S. 30). Schälen und pürieren Sie die Bananen, und fügen Sie das Püree den eingezuckerten Erdbeeren hinzu.

ZUBEREITUNG

Gehen Sie bei der Zubereitung wie im Grundrezept beschrieben vor.

HINWEIS

Wem diese Kombination zu süß erscheint, kann ein nussgroßes Stück geriebenen Ingwer zugeben. Das gibt dem Aufstrich ein schönes Gegengewicht. Wer hingegen gern Vanille mag, kann ihm auch das Mark einer Vanilleschote beifügen oder auch einige Tropfen Buttervanille-Aroma verwenden. Das wiederum verleiht dem Aufstrich eine zusätzliche Süße.

TIPP

Wenn Sie Erdbeere mit Banane mögen, könnte Ihnen auch schmecken:

ERDBEERE
MIT WEISSER SCHOKOLADE (S. 54)
BANANE PUR (S. 144)
MILCHCREME – DULCE DE LECHE (S. 159)

ERDBEERE MIT BALSAMICO

Für ca. 8 Gläser à 250 ml

ZUBEREITUNG ca. 45 Minuten
RUHEZEIT mind. 3 Stunden
HALTBARKEIT etwa 12 Monate

ZUTATEN
1 kg reife Erdbeeren
(geputzt ca. 800 g)
1 kg Gelierzucker 1:1
1 ½ unbehandelte Zitronen
250 ml Balsamico

VORBEREITUNG

Bereiten Sie alles nach dem Grundrezept „Erdbeere pur" vor (siehe S. 30). Für diesen Aufstrich sollten Sie die Erdbeeren besonders gut durchpürieren. Geben Sie anschließend den Essig hinzu.

ZUBEREITUNG

Bei der Zubereitung gehen Sie wie im Grundrezept beschrieben vor.

VARIANTEN

Sie können diesen Aufstrich wahlweise mit 3–4 EL frischen, fein gehackten Basilikumblättern oder auch mit 1–2 EL getrockneten grünen Pfefferkörnern verfeinern. Beides geben Sie jeweils von Anfang an zum Kochgut.

HINWEIS

Wenn Sie die frischen Kräuter zugeben, verringert sich die Haltbarkeit um etwa 3 Monate.

TIPP

Wenn Sie Erdbeere mit Balsamico mögen, könnte Ihnen auch schmecken:

ERDBEERE MIT INGWER UND GRÜNEM PFEFFER (S. 52)
KRÄUTERGELEES AUF APFELBASIS (S. 166)
TOMATE-LIMETTE MIT INGWER (S. 169)

ERDBEERE MIT INGWER UND GRÜNEM PFEFFER

Für ca. 8 Gläser à 250 ml

ZUBEREITUNG ca. 45 Minuten
RUHEZEIT mind. 3 Stunden
HALTBARKEIT etwa 12 Monate

EIGENSCHAFTEN
Schmeckt toll zu Käse und Grillfleisch

ZUTATEN
1,3 kg reife Erdbeeren
(geputzt ca. 1,1 kg)
1 kg Gelierzucker 1:1
1 ½ unbehandelte Zitronen
ca. 70 g Bio-Ingwer
(nach Belieben auch mehr)
2 EL getrocknete
grüne Pfefferkörner

TIPP

Wenn Sie Erdbeere mit Ingwer und grünem Pfeffer mögen, könnte Ihnen auch schmecken:

KIRSCHRAGOUT MIT PORTWEIN UND ESTRAGON (S. 89)
ORANGE MIT INGWER (S. 134)
HIMBEERE MIT PAPRIKA UND CHILI (S. 171)

VORBEREITUNG

Bereiten Sie alles nach dem Grundrezept „Erdbeere pur" vor (siehe S. 30). Je nach Belieben den Ingwer schälen oder waschen und in kleine Würfel oder in kurze, schmale Streifen schneiden. 1 EL Pfefferkörner fein zerstoßen, den Rest als ganze Körner belassen. Geben Sie alles zur vorbereiteten Fruchtmischung.

ZUBEREITUNG

Bei der Zubereitung verfahren Sie, wie im Grundrezept beschrieben.

ANMERKUNG

Verwenden Sie unbedingt getrocknete grüne Pfefferkörner aus dem Gewürzregal. In Salzlake eingelegte sind nicht geeignet, da diese in der Regel einen zu starken Eigengeschmack haben.

VARIANTE

Sie können statt des Ingwers auch Riesling verwenden. Nehmen Sie dafür 850 g Erdbeeren, 200 ml trockenen Riesling und 2 EL getrocknete grüne Pfefferkörner und gehen Sie wie beschrieben vor. Der Aufstrich schmeckt dann etwas spritziger und ist nicht ganz so scharf.

ERDBEERE MIT WEISSER SCHOKOLADE

Für ca. 7 Gläser à 250 ml

ZUBEREITUNG ca. 45 Minuten
RUHEZEIT mind. 8 Stunden
HALTBARKEIT etwa 9 Monate

EIGENSCHAFTEN
Passt toll zu Hefezopf

ZUTATEN
1,3 kg reife Erdbeeren
(geputzt ca. 1,1 kg)
500 g Gelierzucker 2:1
2 unbehandelte Zitronen
ca. 300 g gehackte weiße
Schokolade, pur oder mit Crisp
2 EL dunkler Rum

VORBEREITUNG

Bereiten Sie alles nach dem Grundrezept „Erdbeere pur" vor (siehe S. 30).

ZUBEREITUNG

Gehen Sie bei der Zubereitung wie im Grundrezept beschrieben vor. Nach 2 Minuten Kochzeit geben Sie die gehackte Schokolade hinzu und am Ende der Kochzeit den Rum.

ANMERKUNG

Durch die Zugabe der Schokolade verringert sich die Haltbarkeit um etwa 3 Monate. Außerdem verliert dieser leckere Aufstrich schnell seine schöne Farbe. Er ist daher für den baldigen Verzehr bestimmt.

VARIANTE

Sie können das Rezept auch mit dunkler Schokolade (mind. 70 % Kakaoanteil) kochen. Geben Sie dann entsprechend hellen Rum hinzu.

TIPP

Wenn Sie Erdbeere mit weißer Schokolade mögen, könnte Ihnen auch schmecken:

HIMBEERE MIT SCHOKOLADE
UND MACADAMIANÜSSEN (S. 68)
KIRSCHE MIT SCHOKOLADE (S. 86)
MILCHCREME – DULCE DE LECHE (S. 159)

WINTERLICHE ERDBEERE

Für ca. 8 Gläser à 250 ml

ZUBEREITUNG ca. 45 Minuten
RUHEZEIT mind. 3 Stunden
HALTBARKEIT etwa 12 Monate

EIGENSCHAFTEN
Sehr fruchtig, feinherb und von schöner, dunkelroter Farbe

ZUTATEN
1 kg reife Erdbeeren (geputzt ca. 800 g)
1 kg Gelierzucker 1:1
Saft von 1 ½ Zitronen
200 ml trockener Rotwein
100 g Mandelstifte
1 EL Zimt
1 EL gemahlener Koriander

VORBEREITUNG

Bereiten Sie alles nach dem Grundrezept „Erdbeere pur" vor (siehe S. 30).

ZUBEREITUNG

Bei der Zubereitung verfahren Sie, wie im Grundrezept beschrieben. Nachdem Sie die Erdbeeren vollständig durchpüriert haben (so behalten sie länger ihre Farbe), geben Sie Rotwein und Mandelstifte hinzu. Erst kurz vor Ende der Kochzeit Zimt und Koriander zugeben.

TIPP

Wenn Sie winterliche Erdbeere mögen, könnte Ihnen auch schmecken:

KIRSCHE MIT HOLUNDERBEEREN – BAUERNSCHMAUS (S. 84)
ROTWEINPFLAUME MIT ZIMT – WINZERFRÜHSTÜCK (S. 95)
BRATAPFEL (S. 110)

ERDBEERE MIT MEERRETTICH

Für ca. 8 Gläser à 250 ml

ZUBEREITUNG ca. 45 Minuten
RUHEZEIT mind. 3 Stunden
HALTBARKEIT etwa 12 Monate

EIGENSCHAFTEN
Sehr fruchtig, hellrote, beständige Farbe, leicht pikant

ZUTATEN
1,3 kg Erdbeeren
(geputzt ca. 1,1 kg)
1 kg Gelierzucker 1:1
Saft von 1 großen Zitrone
1–2 EL frischer Meerrettich
(nach Belieben auch mehr)

VORBEREITUNG
Bereiten Sie alles nach dem Grundrezept „Erdbeere pur" vor (siehe S. 30). Fügen Sie frisch geriebenen Meerrettich hinzu und pürieren Sie alles vollständig durch (siehe auch S. 117).

ZUBEREITUNG
Bei der Zubereitung verfahren Sie, wie im Grundrezept beschrieben.

ANMERKUNG
Dieser Aufstrich passt toll zu Grillfleisch, Salatsaucen und zu Fondue oder Raclette. Zu Tafelspitz ist er eine willkommene Abwechslung zum Apfel-Kren.

TIPP
Wenn Sie Erdbeere mit Meerrettich mögen, könnte Ihnen auch schmecken:

ERDBEERE MIT INGWER UND GRÜNEM PFEFFER (S. 52)
ÄBBELWOI-MEERRETTICH (S. 117)
HIMBEERE MIT PAPRIKA UND CHILI (S. 171)

ERDBEERGELEE PUR UND RAFFINIERT VERFEINERT

Für ca. 5 Gläser à 250 ml

ZUBEREITUNG ca. 45 Minuten
RUHEZEIT mind. 3 Stunden
HALTBARKEIT etwa 12 Monate

EIGENSCHAFTEN
Sehr fruchtig, tiefrote, beständige Farbe, festere Konsistenz

ZUTATEN
800 ml Erdbeersaft (siehe Kapitel „Entsaften" S. 18)
500 g Gelierzucker 2:1
Saft von 1 Zitrone

AUSSERDEM BRAUCHEN SIE
5 Gläser mit Schraubverschluss (sauber vorbereitet, siehe S. 20)
1 großen Topf von mind. 4, besser 5 Litern Inhalt
1 großen Holzkochlöffel

VORBEREITUNG

Für das Entsaften der Erdbeeren gehen Sie wie im Kapitel „Kochschule – Entsaften" beschrieben vor (siehe S. 18). Geben Sie den kalten Saft zusammen mit dem Zucker in einen Topf. Den Zitronensaft fügen Sie wenn möglich durch ein mit einem Mulltuch ausgelegtes Sieb hinzu. So bleibt die Masse schön klar.

ZUBEREITUNG

Die Masse unter Rühren aufkochen und 4 Minuten sprudelnd kochen lassen, dabei häufig rühren. Die Gelierprobe durchführen (siehe S. 19) und eventuell am Ende der Kochzeit das Kochgut abschäumen. Anschließend in Gläser abfüllen, verschließen und 5–10 Minuten umgekehrt auf dem Deckel stehen lassen.

VARIANTEN

Ersetzen Sie die Hälfte des Erdbeersaftes durch einen Fruchtsaft Ihrer Wahl. Besonders Kirsch- und Brombeersaft, aber auch Orangensaft eignen sich gut. Sie können stattdessen auch 100 ml Prosecco oder Sekt verwenden. Toll schmeckt das Erdbeergelee auch mit Holunderblüten oder Rosenblättern. Dafür etwa 20 vorsichtig gewaschene und trocken getupfte Blüten bzw. Blätter in ein Mulltuch einschlagen und ca. 2 Minuten mitkochen.

TIPP

Wenn Sie Erdbeergelee mögen, könnte Ihnen auch schmecken:

BEERENGELEE (S. 59)
APFELGELEE PUR UND KREATIV (S. 114)
QUITTENGELEE (S. 121)

BEERENGELEE

von Brombeeren, Heidelbeeren, Holunderbeeren, Johannisbeeren oder Preiselbeeren

Für ca. 5 Gläser à 250 ml

ZUBEREITUNG ca. 45 Minuten
RUHEZEIT mind. 3 Stunden
HALTBARKEIT etwa 12 Monate

EIGENSCHAFTEN
Sehr fruchtig, nachtblaue oder tiefrote, beständige Farbe, festere Konsistenz

ZUTATEN
800 ml Beerensaft
(siehe Kapitel „Kochschule – Entsaften" S. 18),
etwa von Brombeeren, Heidelbeeren, Holunderbeeren*, Johannisbeeren oder Preiselbeeren
500 g Gelierzucker 2:1
Saft von 1 großen Zitrone
*Bei Holundersaft nehmen Sie mindestens den Saft von 1 ½ Zitronen, gern auch von 2 Zitronen.

VORBEREITUNG

Für das Entsaften der Beeren gehen Sie vor wie im Kapitel „Kochschule – Entsaften" beschrieben (siehe S. 18). Geben Sie dann den kalten Saft zusammen mit dem Zucker und dem Zitronensaft in einen Topf.

ZUBEREITUNG

Bringen Sie die Masse unter Rühren zum Kochen. Alles 4 Minuten sprudelnd kochen lassen, dabei häufig rühren. Die Gelierprobe durchführen (siehe S. 19) und eventuell am Ende der Kochzeit das Kochgut abschäumen. Anschließend die Flüssigkeit in vorbereitete Gläser füllen, die Deckel verschließen und 5–10 Minuten umgekehrt auf dem Deckel stehen lassen.

HINWEIS

Viele Bioläden oder Reformhäuser bzw. Regionalläden bieten inzwischen eine reiche Auswahl hochqualitativer Säfte an. Allerdings enthalten die meisten Flaschen nur 700 ml. Sie können beispielsweise zusätzlich 50 ml klaren Apfelsaft zugeben, da dieser Geschmack und Farbe des Gelees nicht wesentlich mitbestimmt.

TIPP

Wenn Sie Beerengelee mögen, könnte Ihnen auch schmecken:

ERDBEERGELEE PUR UND RAFFINIERT VERFEINERT (S. 58)
APFELGELEE PUR UND KREATIV (S. 114)
QUITTENGELEE (S. 121)

BROMBEERE PUR

Grundrezept

Für ca. 8 Gläser à 250 ml

ZUBEREITUNG ca. 45 Minuten
RUHEZEIT mind. 8 Stunden
HALTBARKEIT 12 Monate

ZUTATEN
1,2 kg reife Brombeeren
(verlesen ca. 1,1 kg)
1 kg Gelierzucker 1:1
Saft von 1 großen Zitrone

AUSSERDEM BRAUCHEN SIE
8 Gläser mit Schraubverschluss
(sauber vorbereitet, siehe S. 20)
1 großen Topf von mind. 4,
besser 5 Litern Inhalt
1 Pürierstab
1 großen Holzkochlöffel

TIPP

Wenn Sie Brombeere pur mögen, könnte Ihnen auch schmecken:

„BLACK BERRIES" (S. 61)
HIMBEERE PUR (S. 65)
KIR-ROYAL – SCHWARZE JOHANNISBEERE MIT SEKT (S. 77)

VORBEREITUNG

Brombeeren sollte man vor der Zubereitung von Aufstrich möglichst nicht waschen, da sie dabei Saft verlieren und sich schnell mit Wasser vollsaugen. Das beeinflusst ihr Aroma und das zurückbleibende Wasser kann auch den Gelierprozess beeinträchtigen. Außerdem sind Brombeeren sehr druckempfindlich. Nach Möglichkeit reife Früchte gut verlesen, da sich oft kleine Insekten an ihnen befinden. Die Brombeeren in einen großen Kochtopf geben, mit dem Zucker mischen und Zitronensaft unterrühren. Die Masse über Nacht Saft ziehen lassen.

ZUBEREITUNG

Am nächsten Tag die Fruchtmischung mit einem großen Holzkochlöffel gut umrühren, pürieren und unter ständigem Rühren aufkochen. Wenn die Masse anfängt sprudelnd zu kochen, beginnt die Kochzeit. 4 Minuten sprudelnd kochen lassen, dabei ständig weiterrühren. Die Gelierprobe durchführen (siehe S. 19). Das Kochgut eventuell abschäumen und die vorbereiteten Gläser randvoll damit befüllen. Die Deckel fest zudrehen und die Gläser 5–10 Minuten auf den Kopf stellen.

HINWEIS

Die Kerne der Brombeere sind sehr hart, weshalb manche sie als unangenehm empfinden. Allerdings enthalten sie eine Menge des guten Aromas, von daher sollten Sie nicht alle entfernen. Passieren Sie ca. drei Viertel des Obstes und geben Sie 2–3 Lorbeerblätter zum Kochgut, die Sie vor dem Abfüllen entfernen. So haben Sie einen immer noch sehr aromatischen Aufstrich.

VARIANTEN

BROMBEERE PUR MIT „SCHUSS" ODER FEIN GEWÜRZT: Sie können Ihren Brombeeraufstrich ganz leicht mit 3 EL Himbeergeist, Cassislikör, einem guten Schuss Rotwein oder dem Mark einer Vanilleschote bzw. einer Zimtstange verfeinern. Auch die Kombination von Rotwein, Vanille und Zimt schmeckt sehr lecker. Wenn Sie es würziger mögen, können Sie auch ca. 50 g sehr klein geschnittenen Ingwer mitkochen. Vanilleschote und Zimtstange vor dem Abfüllen in die vorbereiteten Gläser entfernen.

BROMBEERE MIT CASSIS UND „BLACK BERRIES"

Für ca. 8 Gläser à 250 ml

ZUBEREITUNG ca. 45 Minuten
RUHEZEIT mind. 3 Stunden
HALTBARKEIT etwa 9–12 Monate

ZUTATEN
650 g reife Brombeeren
(verlesen ca. 550 g)
650 g reife Schwarze Johannisbeeren
(verlesen ca. 550 g)
2–3 EL Cassislikör, nach Belieben

oder

ZUTATEN FÜR DIE VARIANTE
„BLACK BERRIES"
jeweils 400 g reife verlesene Brombeeren,
Schwarze Johannisbeeren und
Heidelbeeren (zusammen ca. 1,2 kg Früchte)
1 kg Gelierzucker 1:1
Saft von 1 großen Zitrone

VORBEREITUNG

Bereiten Sie alles nach dem Grundrezept „Brombeere pur" vor (siehe S. 60). Johannisbeeren waschen und abzupfen bzw. Heidelbeeren verlesen und falls nötig waschen. Geben Sie Schwarze Johannisbeeren bzw. je nach Variante zusätzlich noch Heidelbeeren hinzu und pürieren Sie die Fruchtmischung. Sie muss nicht durchpüriert werden, da dunkle Beeren auch gekocht sehr schön aussehen und ihr tolles Aroma behalten.

ZUBEREITUNG

Bei der Zubereitung verfahren Sie, wie im Grundrezept beschrieben. Für Brombeere mit Cassis geben Sie am Ende der Kochzeit den Likör hinzu.

ANREGUNG

Diese Kombinationen schmecken auch mit anderen Mischungsverhältnissen gut und eignen sich somit hervorragend zur Resteverwertung. Haben Sie beispielsweise weniger Heidelbeeren als im Rezept angegeben zur Verfügung, macht das gar nichts. Wichtig ist nur, dass Sie insgesamt 1,2 kg Obst verwenden.

TIPP

Wenn Sie Brombeere mit Cassis mögen, könnte Ihnen auch schmecken:

BEERENTÖPFCHEN AUS HEIDELBEEREN (S. 73)
KIR-ROYAL – SCHWARZE JOHANNISBEERE MIT SEKT (S. 77)
KIRSCHEN MIT HOLUNDERBEEREN – BAUERNSCHMAUS (S. 84)

BROMBEERE MIT PROSECCO

Für ca. 8 Gläser à 250 ml

ZUBEREITUNG ca. 45 Minuten
RUHEZEIT mind. 8 Stunden
HALTBARKEIT etwa 12 Monate

EIGENSCHAFTEN
Schmeckt toll zu Hefezopf, aber auch zu Crêpes

ZUTATEN
1 kg reife Brombeeren (verlesen ca. 900 g)
1 kg Gelierzucker 1:1
Saft von 1 großen Zitrone
200 ml trockener Prosecco
1 Prise Zimt, nach Belieben

VORBEREITUNG
Bereiten Sie alles nach dem Grundrezept „Brombeere pur" (siehe S. 60) vor.

ZUBEREITUNG
Den Prosecco schlückchenweise während des Kochens zugeben oder alternativ nach dem Kochen unterrühren. Fahren Sie weiter fort, wie im Grundrezept beschrieben. Verfeinern Sie den Aufstrich nach Belieben kurz vor Ende der Kochzeit mit 1 Prise Zimt.

HINWEIS
Statt des Proseccos können Sie auch trockenen Weißwein oder auch Rotwein verwenden. Für die Variante mit Weißwein können Sie statt des Zimts auch eine Vanilleschote nehmen. Diese längs aufschneiden, das Mark herauskratzen und beides zugeben. Die Schote nach dem Kochen entfernen. Sollten Sie noch anderes Obst vorrätig haben, können Sie die Brombeeren auch bis zur Hälfte durch Erdbeeren, Himbeeren oder auch Blaubeeren ersetzen.

TIPP

Wenn Sie Brombeere mit Prosecco mögen, könnte Ihnen auch schmecken:

„BLACK BERRIES" (S. 61)
BLAUBEERE MIT ANANAS UND RUM (S. 74)
KIR-ROYAL – SCHWARZE JOHANNISBEERE MIT SEKT (S. 77)

BROMBEERE MIT BIRNEN

☺

Für ca. 9 Gläser à 250 ml

ZUBEREITUNG ca. 45 Minuten
RUHEZEIT mind. 8 Stunden
HALTBARKEIT etwa 12 Monate

EIGENSCHAFTEN
Vollfruchtiges Aroma
mit weichem Charakter

ZUTATEN
850 g reife Brombeeren
(verlesen ca. 800 g)
1 kg Gelierzucker 1:1
Saft von 1 großen Zitrone
600 g Birnen
(geputzt ca. 400 g)

VORBEREITUNG

Bereiten Sie alles nach dem Grundrezept „Brombeere pur" vor (siehe S. 60). Die Birnen waschen, schälen und das Kerngehäuse entfernen. Zu den Brombeeren geben und pürieren.

ZUBEREITUNG

Bei der Zubereitung verfahren Sie, wie im Grundrezept beschrieben.

ANREGUNG

Dieser Aufstrich eignet sich auch toll als Fruchtsauce zu Eis, Crêpes oder Waffeln. Dafür diesen leicht erwärmen. Die Birnen können Sie durch die gleiche Menge Äpfel ersetzen. Bei beiden Varianten können Sie den Aufstrich mit 2–3 EL Birnenschnaps oder auch -likör verfeinern. Der Variante mit den Äpfeln können Sie die Blättchen von 10 zuvor vorsichtig gewaschenen Thymianzweigen zugeben.

TIPP

Wenn Sie Brombeere mit Birnen mögen, könnte Ihnen auch schmecken:

„BLACK BERRIES" (S. 61)
BROMBEERE MIT PROSECCO (S. 62)
BIRNENAUFSTRICH KREATIV (S. 108)

HIMBEERE PUR

Grundrezept

Für ca. 8 Gläser à 250 ml

ZUBEREITUNG ca. 45 Minuten
Ruhezeit mind. 8 Stunden
Haltbarkeit etwa 12 Monate

ZUTATEN
1,3 kg reife Himbeeren
(verlesen ca. 1,2 kg)
1 kg Gelierzucker 1:1
1 große Zitrone

AUSSERDEM BRAUCHEN SIE
8 Gläser mit Schraubverschluss
(sauber vorbereitet, siehe S. 20)
1 großen Topf von mind. 4, besser 5 Litern Inhalt
1 Pürierstab
1 großen Holzkochlöffel

TIPP

Wenn Sie Himbeere pur mögen, könnte Ihnen auch schmecken:

„BLACK BERRIES" (S. 61)
BEERENTÖPFCHEN AUS ROTEN JOHANNISBEEREN (S. 73)
RHABARBER PUR (S. 125)

VORBEREITUNG

Himbeeren sollte man vor der Zubereitung von Aufstrich möglichst nicht waschen, da sie dabei Saft verlieren und sich schnell mit Wasser vollsaugen. Das beeinträchtigt ihr Aroma und das zurückbleibende Wasser kann auch den Gelierprozess beeinträchtigen. Außerdem sind sie sehr druckempfindlich. Nach Möglichkeit reife Früchte gut verlesen, da sich oft kleine Insekten an ihnen befinden. Die Himbeeren in einen großen Kochtopf geben, mit dem Zucker mischen und Zitronensaft unterrühren. Alles über Nacht Saft ziehen lassen.

ZUBEREITUNG

Am nächsten Tag mit einem großen Holzkochlöffel gut umrühren, pürieren und unter ständigem Rühren aufkochen. Wenn die Masse anfängt sprudelnd zu kochen, beginnt die Kochzeit. 4 Minuten sprudelnd kochen lassen, dabei ständig weiterrühren. Die Gelierprobe durchführen (siehe S. 19). Das Kochgut eventuell abschäumen und die vorbereiteten Gläser randvoll damit befüllen. Die Deckel fest zudrehen und die Gläser 5–10 Minuten auf den Kopf stellen.

ANREGUNG

Himbeeraufstrich eignet sich toll zum Bestreichen von Tortenböden aus Mürbeteig oder zum Füllen von Keksen und Plätzchen.

VARIANTE

Sie können Ihren Himbeeraufstrich ganz leicht mit 3 EL Himbeergeist oder auch dem Mark einer Vanilleschote verfeinern.

HIMBEERE MIT KRÄUTERN ODER GEWÜRZEN

Für ca. 8 Gläser à 250 ml

ZUBEREITUNG ca. 45 Minuten
RUHEZEIT mind. 8 Stunden
HALTBARKEIT etwa 9 Monate

ZUTATEN
1,3 kg reife Himbeeren
(verlesen ca. 1,2 kg)
1 kg Gelierzucker 1:1
Saft von 1 großen Zitronen
10–15 Stängel Zitronenmelisse,
Minze oder Basilikum
oder 1 Chilischote
oder ca. 70 g Bio-Ingwer
oder 1 Stange Zimt

TIPP

Wenn Sie Himbeere mit Kräutern oder Gewürzen mögen, könnte Ihnen auch schmecken:

ERDBEERE MIT SOMMERKRÄUTERN
ODER VANILLE (S. 42)
KIRSCHRAGOUT
MIT PORTWEIN UND ESTRAGON (S.89)
KRÄUTERGELEES AUF APFELBASIS (S. 166)

VORBEREITUNG

Bereiten Sie alles nach dem Grundrezept „Himbeere pur" vor (siehe S. 65).

ZUBEREITUNG MIT KRÄUTERN

Am Kochtag die Kräuter vorsichtig waschen, mit Küchenkrepp trocken tupfen und die Blätter abzupfen. Je nach Geschmack fein hacken und zur Seite stellen. Nun verfahren Sie, wie im Grundrezept beschrieben. Geben Sie die Kräuter am Ende der Kochzeit in die heiße Masse.

ZUBEREITUNG MIT GEWÜRZEN

Die Chilischote waschen, Kerne und die weißen Innenhäute entfernen und fein hacken. Oder je nach Belieben den Ingwer schälen bzw. gut waschen und in feine Würfel oder kleine Streifen schneiden. Nun verfahren Sie, wie im Grundrezept beschrieben. Gehackten Chili, Ingwer bzw. Zimtstange vor dem Kochen zur Fruchtmasse geben und von Anfang an mitkochen. Die Zimtstange vor dem Abfüllen in die Gläser entfernen.

HINWEIS

Der kräftig-aromatische Himbeeraufstrich schmeckt auch toll zu Herzhaftem, etwa zu Käse oder in Salatsaucen. Für die Aufstriche, die Variante mit Zimt ausgenommen, kann bei allen Spielarten statt des Zitronensaftes auch Limettensaft verwendet werden.

HIMBEERE MIT GELBEM OBST

Für ca. 8 Gläser à 250 ml

ZUBEREITUNG ca. 45 Minuten
RUHEZEIT mind. 3 Stunden
HALTBARKEIT etwa 12 Monate

EIGENSCHAFTEN
Dichtes Aroma, schöne leuchtend-rote Farbe mit gelben „Tupfen"

ZUTATEN
900 g reife Himbeeren
(verlesen ca. 800 g)
1 kg Gelierzucker 1:1
Saft von 1 ½ Zitronen
400 g gelbes Obst,
z.B. Mangos, Pfirsiche,
Aprikosen oder Ananas

VORBEREITUNG

Bereiten Sie alles nach dem Grundrezept „Himbeere pur" vor (siehe S. 65). Pürieren Sie die Himbeeren gut durch. Bereiten Sie das Obst Ihrer Wahl je nach Sorte zu: Die Mangos schälen und ihren Kern entfernen, Pfirsiche und Aprikosen waschen, trocken tupfen und entsteinen, die Ananas schälen und den Strunk entfernen. Das jeweilige Obst in kleine, ca. 1 cm große Würfel schneiden und zum Himbeerpüree geben.

ZUBEREITUNG

Bei der Zubereitung verfahren Sie, wie im Grundrezept beschrieben.

HINWEIS

Dieser Aufstrich kann ganz besonders gut auch als Fruchtsauce verwendet werden, wenn man ihn zuvor leicht erwärmt.

TIPP

Wenn Sie Himbeere mit gelbem Obst mögen, könnte Ihnen auch schmecken:

ERDBEERE EXOTISCH (S. 46)
APRIKOSE ODER PFIRSICH PUR (S. 98)
FRUCHTIGE ORANGE (S. 131)

HIMBEERE MIT SCHOKOLADE UND MACADAMIANÜSSEN

Für ca. 7 Gläser à 250 ml

ZUBEREITUNG ca. 45 Minuten
RUHEZEIT mind. 8 Stunden
HALTBARKEIT etwa 9 Monate

EIGENSCHAFTEN
Schmeckt toll zu Hefezopf, aber auch zu Crêpes

ZUTATEN
1,2 kg reife Himbeeren (verlesen 1 kg)
Saft von 1 ½ großen Zitronen
500 g Gelierzucker 1:1
3–4 EL gehackte Macadamianüsse, nicht oder nur wenig gesalzen
ca. 300 g gehackte weiße oder sehr dunkle Schokolade

VORBEREITUNG

Bereiten Sie alles nach dem Grundrezept „Himbeere pur" vor (siehe S. 65).

ZUBEREITUNG

Geben Sie die gehackten Macadamianüsse zum Fruchtpüree und nach 2 Minuten Kochzeit die gehackte Schokolade. Fahren Sie weiter fort, wie im Grundrezept beschrieben.

HINWEIS

Durch die Zugabe von Schokolade und Nüssen verringert sich die Haltbarkeit um ca. 3 Monate.

VARIANTE

Statt der Nüsse können Sie auch 2–3 EL Rum hinzugeben. Bei heller Schokolade nehmen Sie dunklen, bei dunkler Schokolade am besten weißen Rum.

TIPP

Wenn Sie Himbeere mit Schokolade und Macadamianüssen mögen, könnte Ihnen auch schmecken:

ERDBEERE MIT WEISSER SCHOKOLADE (S. 54)
KIRSCHE MIT SCHOKOLADE (S. 86)
MILCHCREME – DULCE DE LECHE (S. 159)

HIMBEERE MIT MARACUJA

Für ca. 9 Gläser à 250 ml

ZUBEREITUNG ca. 45 Minuten
RUHEZEIT mind. 8 Stunden
HALTBARKEIT etwa 12 Monate

ZUTATEN
1,2 kg reife Himbeeren (verlesen ca. 1 kg)
1,2 kg Gelierzucker 1:1
Saft von 1 großen Zitrone
700 g Maracujas (ergibt ca. 400 g)

VORBEREITUNG

Bereiten Sie alles nach dem Grundrezept „Himbeere pur" vor (siehe S. 65). Die Maracujas halbieren, das Fruchtfleisch mit den Kernen herauslöffeln und zum Himbeerpüree geben.

ZUBEREITUNG

Bei der Zubereitung verfahren Sie, wie im Grundrezept beschrieben.

ANREGUNG

Dieser Aufstrich eignet sich auch toll als Fruchtsauce zu Eis, Crêpes oder Waffeln. Diesen dafür leicht erwärmen.

TIPP

Wenn Sie Himbeere mit Maracuja mögen, könnte Ihnen auch schmecken:

ERDBEERE EXOTISCH (S. 46)
FRUCHTIGE ORANGE (S. 131)
ANANAS PUR UND KREATIV (S. 148)

HIMBEERE MIT ÄPFELN UND THYMIAN

Für ca. 6 Gläser à 250 ml

ZUBEREITUNG ca. 45 Minuten
RUHEZEIT mind. 8 Stunden
HALTBARKEIT etwa 12 Monate

EIGENSCHAFTEN
Sehr fruchtig, feine Konsistenz und sieht toll aus

ZUTATEN
600 g reife Himbeeren (verlesen ca. 500 g)
500 g Gelierzucker 2:1
Saft von 1 Zitrone
700 g säuerliche Äpfel (geputzt ca. 500 g)
2–3 EL frische Thymianblätter

VORBEREITUNG

Bereiten Sie alles nach dem Grundrezept „Himbeere pur" vor (siehe S. 65). Die Äpfel waschen, schälen, das Kerngehäuse entfernen und grob zerkleinern. Apfelstücke zu den Himbeeren geben und zu einer Fruchtmasse pürieren. Wenn Sie diesen Aufstrich stückig mögen, sollten Sie einen Teil belassen, wie er ist.

ZUBEREITUNG

Bei der Zubereitung verfahren Sie, wie im Grundrezept beschrieben. Geben Sie am Ende der Kochzeit die vorsichtig gewaschenen Thymianblättchen hinzu.

HINWEIS

Durch den Thymian bekommt dieser Aufstrich eine fruchtig-kräftige Note. Daher passt er auch toll zu Käse oder in Salatsaucen.

TIPP

Wenn Sie Himbeere mit Äpfeln und Thymian mögen, könnte Ihnen auch schmecken:

ERDBEERE MIT SOMMERKRÄUTERN ODER VANILLE (S. 42)
APFEL- ODER BIRNENAUFSTRICH KREATIV (S. 108)
KRÄUTERGELEES AUF APFELBASIS (S. 166)

BEERENTÖPFCHEN

Grundrezept für Holunderbeeren, Heidelbeeren, Johannisbeeren, Stachelbeeren oder Blaubeeren

Für ca. 8 Gläser à 250 ml

ZUBEREITUNG ca. 45 Minuten
RUHEZEIT mind. 8 Stunden
HALTBARKEIT etwa 12 Monate

ZUTATEN
1,3 kg reife Beeren
(verlesen ca. 1,1 kg),
z. B. Holunderbeeren, Heidelbeeren,
Johannisbeeren, Stachelbeeren, Blaubeeren
1 kg Gelierzucker 1:1
Saft von 1 mittelgroßen Zitrone

Wenn Sie das Rezept mit Holunderbeeren zubereiten, können Sie auch den Saft von bis zu 2 großen Zitronen nehmen.

AUSSERDEM BRAUCHEN SIE
8 Gläser mit Schraubverschluss
(sauber vorbereitet, siehe S. 20)
1 großen Topf von mind. 4, besser 5 Litern Inhalt
1 Pürierstab
1 großen Holzkochlöffel

TIPP

Wenn Sie das Beerentöpfchen mögen, könnte Ihnen auch schmecken:

BROMBEERE MIT CASSIS (S. 61)
„BLACK BERRIES" (S. 61)
BLAUBEERE MIT ANANAS UND RUM (S. 74)

VORBEREITUNG

Die Beeren verlesen und nur wenn nötig kurz abwaschen und mit Küchenkrepp vorsichtig trocknen. Anschließend in einen großen Kochtopf geben, mit dem Zucker mischen und den Zitronensaft unterrühren. Die Fruchtmischung über Nacht Saft ziehen lassen.

ZUBEREITUNG

Am nächsten Tag das Obstgemisch mit dem Kochlöffel gut umrühren, nur leicht pürieren und unter ständigem Rühren aufkochen. Wenn die Masse anfängt sprudelnd zu kochen, beginnt die Kochzeit. 4 Minuten sprudelnd kochen lassen, dabei ständig weiterrühren. Die Gelierprobe durchführen (siehe S. 19). Das Kochgut eventuell abschäumen und die vorbereiteten Gläser randvoll damit befüllen. Die Deckel fest zudrehen und die Gläser 5–10 Minuten auf den Kopf stellen.

HINWEIS

Heidelbeeren, Holunderbeeren und Schwarze Johannisbeeren haben jeweils ein so einmaliges Aroma, dass sie pur verwendet fast am besten schmecken.

VARIANTEN

Für Abwechslung sorgt bei der Heidelbeere die doppelte Menge an Zitronensaft, das Mark einer halben Vanilleschote, ein Stückchen Zimtstange oder Ingwer, ein Teelöffel gemahlener Koriander oder auch die Blätter von etwa 10 Zweigen Zitronenthymian. Schwarze Johannisbeeren können mit 2–3 EL Cassislikör, aber auch Brombeerlikör aromatisiert werden. Dem Holunderaufstrich geben Sie mit etwa 60 ml Limettensaft statt des Zitronensaftes eine sehr frische Note.

BLAUBEERE MIT ANANAS UND RUM

Für ca. 8 Gläser à 250 ml

ZUBEREITUNG ca. 45 Minuten
Ruhezeit mind. 8 Stunden
Haltbarkeit etwa 12 Monate

EIGENSCHAFTEN
Fruchtig-exotischer Charakter, sehr frisch und durch den Rum angenehm wärmend

ZUTATEN
800 g reife Heidelbeeren
(verlesen ca. 750 g)
1 kg Gelierzucker 1:1
1 große Zitrone
550 g frische Ananas (geschält ca. 350 g)
2–3 EL Rum, nach Belieben
auch bis zu 6 EL

TIPP

Wenn Sie Blaubeere mit Ananas und Rum mögen, könnte Ihnen auch schmecken:

ERDBEERE MIT CASSIS (S. 31)
„BLACK BERRIES" (S. 61)
KIR-ROYAL – SCHWARZE JOHANNISBEERE MIT SEKT (S. 77)

VORBEREITUNG

Bereiten Sie alles nach dem Grundrezept „Beerentöpfchen" vor (siehe S. 73). Die Ananas schälen, den Strunk entfernen und in kleine, ca. 1 cm große Würfel schneiden. Geben Sie die Ananaswürfel hinzu und pürieren Sie die Fruchtmischung. Sie muss nicht komplett durchpüriert werden.

ZUBEREITUNG

Bei der Zubereitung verfahren Sie, wie im Grundrezept beschrieben. Am Ende der Kochzeit geben Sie nach Belieben den Rum hinzu.

HINWEIS

Heidelbeeren oder Blaubeeren? Ob Schwarzbeere, Wildbeere, Waldbeere, Bickbeere, Zeckbeere oder Moosbeere – es handelt sich hier im Wesentlichen um dasselbe Obst, und die botanischen Unterschiede sind für die Zubereitung als Aufstrich nicht erheblich. Diese Kombination eignet sich gut zu Mürbeteiggebäck wie etwa Plätzchen oder Kuchenböden.

ROTE JOHANNISBEERE MIT CAMPARI

Für ca. 8 Gläser à 250 ml

ZUBEREITUNG ca. 45 Minuten
RUHEZEIT mind. 8 Stunden
HALTBARKEIT etwa 12 Monate

EIGENSCHAFTEN
Vollfruchtiges, herbes, leicht säuerliches Aroma, feine Konsistenz

ZUTATEN
1,1 kg reife Rote Johannisbeeren (verlesen ca. 1 kg)
1 kg Gelierzucker 1:1
Saft von 1 großen Zitrone
100 ml Campari

VORBEREITUNG

Bereiten Sie alles nach dem Grundrezept „Beerentöpfchen" vor (siehe S. 73). Pürieren Sie ca. die Hälfte der Beerenmenge.

ZUBEREITUNG

Bei der Zubereitung verfahren Sie, wie im Grundrezept beschrieben. Fügen Sie kurz vor Ende der Kochzeit den Campari hinzu.

HINWEIS

Wegen seines säuerlichen Charakters ist dieser Aufstrich ein schönes Gegengewicht zu süßem Gebäck. Sie können auch nach Belieben die Hälfte der Johannisbeeren durch Himbeeren oder Erdbeeren ersetzen. Dann wird der Aufstrich etwas fruchtiger und ist weniger säuerlich.

TIPP

Wenn Sie Rote Johannisbeere mit Campari mögen, könnte Ihnen auch schmecken:

BROMBEERE MIT PROSECCO (S. 62)
KIR-ROYAL – SCHWARZE JOHANNISBEERE MIT SEKT (S. 77)
CAMPARI-BLUTORANGE (S. 136)

KIR-ROYAL – SCHWARZE JOHANNIS-BEERE MIT SEKT

Für ca. 8 Gläser à 250 ml

ZUBEREITUNG ca. 45 Minuten
RUHEZEIT mind. 8 Stunden
HALTBARKEIT etwa 12 Monate

EIGENSCHAFTEN
Vollfruchtiges, spritziges Aroma, tolle dunkle Farbe und schöne Konsistenz

ZUTATEN
850 g reife Schwarze Johannisbeeren (verlesen ca. 800 g)
1 kg Gelierzucker 1:1
Saft von 1 großen Zitrone
300 ml trockener Sekt

VORBEREITUNG

Bereiten Sie alles nach dem Grundrezept „Beerentöpfchen" vor (siehe S. 73). Geben Sie den Sekt hinzu und pürieren Sie ca. die Hälfte der Masse.

ZUBEREITUNG

Bei der Zubereitung verfahren Sie, wie im Grundrezept beschrieben.

ANREGUNG

Diesen Aufstrich kochen Sie am besten zu zweit, da doch recht viel guter Sekt übrig bleibt.

TIPP

Wenn Sie den Aufstrich Kir-Royal mögen, könnte Ihnen auch schmecken:

ERDBEERE MIT CASSIS (S. 31)
„BLACK BERRIES" (S. 61)
BROMBEERE MIT PROSECCO (S. 62)

STACHELBEERE MIT GIN TONIC

Für ca. 8 Gläser à 250 ml

ZUBEREITUNG ca. 45 Minuten
RUHEZEIT mind. 8 Stunden
HALTBARKEIT etwa 12 Monate

EIGENSCHAFTEN
Vollfruchtiges, herbes, leicht säuerliches Aroma, feine Konsistenz

ZUTATEN
900 g reife Stachelbeeren (verlesen ca. 800 g)
1 kg Gelierzucker 1:1
Saft von 1 großen Zitrone
250 ml Tonic Water
50 ml Gin

TIPP

Wenn Sie Stachelbeere mit Gin Tonic mögen, könnte Ihnen auch schmecken:

BROMBEERE MIT PROSECCO (S. 62)
KIR-ROYAL – SCHWARZE JOHANNISBEERE MIT SEKT (S. 77)
CAMPARI-BLUTORANGE (S. 136)

VORBEREITUNG

Bereiten Sie alles nach dem Grundrezept „Beerentöpfchen" vor (siehe S. 73). Pürieren Sie je nach Belieben nur einen Teil der Stachelbeeren. Geben Sie anschließend das Tonic Water hinzu.

ZUBEREITUNG

Bei der Zubereitung verfahren Sie, wie im Grundrezept beschrieben. Fügen Sie kurz vor Ende der Kochzeit den Gin hinzu.

HINWEIS

Stachelbeeren sind sehr empfindlich, weswegen man sie am Wochenende ab Mittag auf Wochenmärkten zum kleinen Preis erstehen kann, da sie das Wochenende nicht überstehen würden. Sofern sie unversehrt sind, eignen sie sich bestens für die Zubereitung von Aufstrich.

VARIANTEN

Statt mit Gin Tonic können Sie diesen Aufstrich auch mit Grapefruitsaft zubereiten. Wenn Ihnen beides zu säuerlich ist, können Sie stattdessen auch 300 g geschälte und entkernte Birnen, geputzte Himbeeren oder auch geschälte Bananen zugeben. Das macht den Aufstrich milder. Exotisch und ebenfalls sehr fruchtig wird der Stachelbeeraufstrich, wenn Sie 550 g Beeren mit 550 g reifen Kiwis mischen.

STEINO

BST

KIRSCHE PUR

Grundrezept

Für ca. 8 Gläser à 250 ml

ZUBEREITUNG ca. 45 Minuten
RUHEZEIT mind. 8 Stunden
HALTBARKEIT etwa 12 Monate

ZUTATEN
1,5 kg reife Kirschen (am besten eignen sich Sauer- oder Schwarzkirschen) (entsteint ca. 1,1 kg)
1 kg Gelierzucker 1:1
Saft von 1 großen Zitrone

AUSSERDEM BRAUCHEN SIE
8 Gläser mit Schraubverschluss (sauber vorbereitet, siehe S. 20)
1 großen Topf von mind. 4, besser 5 Litern Inhalt
1 Pürierstab
1 großen Holzkochlöffel

TIPP

Wenn Sie Kirsche pur mögen, könnte Ihnen auch schmecken:

„BLACK BERRIES" (S. 61)
KIRSCHE MIT HOLUNDERBEEREN – BAUERNSCHMAUS (S. 84)
ZWETSCHGE PUR (S. 91)

VORBEREITUNG

Die Kirschen verlesen, kalt abbrausen und mit Küchenkrepp vorsichtig trocken tupfen, anschließend entsteinen. Die Kirschen in einen großen Kochtopf geben, mit dem Zucker mischen und den Zitronensaft unterrühren. Über Nacht Saft ziehen lassen.

ZUBEREITUNG

Am nächsten Tag alles gut umrühren, die Masse zur Hälfte pürieren und unter ständigem Rühren aufkochen. Wenn die Masse anfängt sprudelnd zu kochen, beginnt die Kochzeit. 4 Minuten sprudelnd kochen lassen, dabei ständig weiterrühren. Die Gelierprobe durchführen (siehe S. 19). Das Kochgut eventuell abschäumen und die vorbereiteten Gläser randvoll damit befüllen. Den Deckel fest zudrehen und die Gläser 5–10 Minuten auf den Kopf stellen.

VARIANTEN

Das Kirsche können Sie verfeinern, indem Sie vor Beginn der Kochzeit das Mark einer Vanilleschote und am Ende der Kochzeit außerdem noch 3 EL Mandellikör beigeben. Die Vanilleschote vor dem Abfüllen in die Gläser entfernen. Toll schmeckt der Kirschaufstrich auch mit dunklem Rum. Davon vor dem Kochen 3 EL und am Ende der Kochzeit weitere 3 EL beigeben. Bei dieser Variante das Obst nur leicht pürieren. Dieser Aufstrich eignet sich auch toll als Fruchtsauce zu Eis, Sahnewaffeln oder Crêpes. Ebenso gut schmeckt er mit 2–3 EL Weinbrand.

KIRSCHEN MIT HOLUNDERBEEREN – BAUERNSCHMAUS

Für ca. 8 Gläser à 250 ml

ZUBEREITUNG ca. 45 Minuten
RUHEZEIT mind. 8 Stunden
HALTBARKEIT etwa 12 Monate

EIGENSCHAFTEN
Vollfruchtiges Aroma, schöne Konsistenz, mit „Biss"

ZUTATEN
600 g Kirschen (entsteint ca. 500 g)
Saft von 1 großen Zitrone
1 kg Gelierzucker 1:1
600 g Holunderbeeren (verlesen ca. 500 g)
100 g Mandelstifte
1 EL Zimt, nach Belieben

TIPP

Wenn Sie den Bauernschmaus mögen, könnte Ihnen auch schmecken:

WINTERLICHE ERDBEERE (S. 55)
BEERENTÖPFCHEN AUS HOLUNDERBEEREN (S. 73)
BRATAPFEL (S. 110)

VORBEREITUNG

Bereiten Sie alles nach dem Grundrezept „Kirsche pur" vor (siehe S. 83). Die Holunderbeeren verlesen, mehrmals gründlich waschen und unreife Beeren aussortieren. Die vorbereiteten Beeren zu den Kirschen geben und einige Stunden einzuckern lassen.

ZUBEREITUNG

Die Fruchtmasse etwa zur Hälfte pürieren und anschließend die Mandelstifte zugeben. Verfahren Sie weiter, wie im Grundrezept beschrieben.

HINWEIS

Dieser Aufstrich schmeckt toll zu Hefezopf, aber auch zu Mürbeteig- und Buttergebäck und ist insbesondere durch die Zugabe von etwas Zimt eine willkommene Abwechslung in der Vorweihnachtszeit.

Bauern-
schmaus

KIRSCHE MIT SCHOKOLADE

Für ca. 6 Gläser à 250 ml

ZUBEREITUNG ca. 45 Minuten
RUHEZEIT mind. 3 Stunden
HALTBARKEIT etwa 12 Monate

EIGENSCHAFTEN
Fruchtig-schokoladiger Charakter, erinnert an Schwarzwälder Kirschtorte

ZUTATEN
1 kg reife Sauerkirschen (entsteint ca. 800 g)
500 g Gelierzucker 2:1
Saft von 1 großen Zitrone
300 ml dunkle, herbe Schokoladensauce, wahlweise Schokolade mit mind. 70 % Kakaoanteil
50 ml Kirschwasser

TIPP

Wenn Sie Kirsche mit Schokolade mögen, könnte Ihnen auch schmecken:

ERDBEERE MIT WEISSER SCHOKOLADE (S. 54)
HIMBEERE MIT SCHOKOLADE UND MACADAMIANÜSSEN (S. 68)
MILCHCREME – DULCE DE LECHE (S. 159)

VORBEREITUNG
Bereiten Sie alles nach dem Grundrezept „Kirsche pur" vor (siehe S. 83).

ZUBEREITUNG
Bei der Zubereitung verfahren Sie, wie im Grundrezept beschrieben. Geben Sie außerdem die Schokoladensauce hinzu. Pürieren Sie alles gut durch, da sich sonst Kirschen und Schokolade beim Kochen nicht so gut verbinden. Am Ende der Kochzeit fügen Sie das Kirschwasser hinzu.

HINWEIS
Dieser Aufstrich eignet sich gut für die Zubereitung einer schnellen Variante der Schwarzwälder Kirschtorte. Wenn Sie auf den Alkohol verzichten möchten, nehmen Sie etwas mehr Zitronensaft oder stattdessen Limettensaft, denn die übrigen Zutaten erfordern ein herbes Gegengewicht.

VARIANTEN
Pikante Alternativen sind die Verwendung einer Chilischote oder eines Stücks Ingwer. Wahlweise können Sie auch weiße Schokolade nehmen, wobei der Aufstrich dann vom Geschmack her nicht mehr sehr dem der Schwarzwälder Kirschtorte ähnelt.

KIRSCHE MIT ROTWEIN UND HONIG

Für ca. 8 Gläser à 250 ml

ZUBEREITUNG ca. 45 Minuten
RUHEZEIT mind. 8 Stunden
HALTBARKEIT etwa 12 Monate

EIGENSCHAFTEN
Vollfruchtiges Aroma, schöne Konsistenz, mit zum Teil ganzen Früchten, wärmend

ZUTATEN
800 g Kirschen
(entsteint ca. 700 g)
1 kg Gelierzucker 1:1
Saft von 1 großen Zitrone
200–250 g flüssiger Honig
200 ml trockener Rotwein
1 EL Zimt

VORBEREITUNG

Bereiten Sie alles nach dem Grundrezept „Kirsche pur" vor (siehe S. 83). Honig, Rotwein und Zimt zu den Kirschen geben und einige Stunden einzuckern lassen.

ZUBEREITUNG

Etwa die Hälfte der Fruchtmasse pürieren. Verfahren Sie weiter, wie im Grundrezept beschrieben.

HINWEIS

Dieser Aufstrich schmeckt toll zu Hefezopf, aber auch zu Mürbeteig- und Buttergebäck und ist insbesondere durch die Zugabe von etwas Zimt eine willkommene Abwechslung in der Vorweihnachtszeit.

TIPP

Wenn Sie Kirsche mit Rotwein und Honig mögen, könnte Ihnen auch schmecken:

WINTERLICHE ERDBEERE (S. 55)
ROTWEINPFLAUME MIT ZIMT – WINZERFRÜHSTÜCK (S. 95)
BRATAPFEL (S. 110)

RUBY

KIRSCHRAGOUT MIT PORTWEIN UND ESTRAGON

Für ca. 8 Gläser à 250 ml

ZUBEREITUNG ca. 45 Minuten
RUHEZEIT mind. 8 Stunden
HALTBARKEIT etwa 9 Monate

EIGENSCHAFTEN
Vollfruchtiges, feinherbes Aroma, schöne Konsistenz, mit zum Teil ganzen Früchten

ZUTATEN
1 kg reife Sauerkirschen (entsteint ca. 800 g)
1 kg Gelierzucker 1:1
20 Stängel frischer Estragon
200 ml trockener Rotwein
100 ml Portwein
Saft von 1 großen Zitrone

TPIP

Wenn Sie Kirschragout mögen, könnte Ihnen auch schmecken:

BROMBEERE MIT PROSECCO (S. 62)
KIR-ROYAL – SCHWARZE JOHANNISBEERE MIT SEKT (S. 77)
CAMPARI-BLUTORANGE (S. 136)

VORBEREITUNG

Bereiten Sie alles nach dem Grundrezept „Kirsche pur" vor (siehe S. 83).

ZUBEREITUNG

Die Kirschen leicht anpürieren, bis etwa ein Drittel der Früchte püriert ist. Den Estragon vorsichtig waschen, mit Küchenkrepp trocken tupfen und die Blätter von den Stielen zupfen, nach Belieben klein schneiden. Die Weine, den Zitronensaft und den Estragon zugeben. Weiter verfahren Sie, wie im Grundrezept beschrieben.

HINWEIS

Sie können diesen Aufstrich auch ganz ohne Alkohol zubereiten – die Kirschen schmecken auch lediglich mit Estragon vorzüglich. Sie eignen sich sehr gut zu dunklem Fleisch, als Topping an würzigen Saucen und – leicht erwärmt – sogar als Dessertsauce etwa zu Vanilleeis. Verwenden Sie ausschließlich frischen Estragon. Das Aroma von getrocknetem ist nicht vergleichbar.

KIRSCH-ESPRESSO-DELICE

Für ca. 8 Gläser à 250 ml

ZUBEREITUNG ca. 45 Minuten
RUHEZEIT mind. 8 Stunden
HALTBARKEIT etwa 12 Monate

EIGENSCHAFTEN
Vollfruchtiges, herbes Aroma, schöne Konsistenz, mit zum Teil ganzen Früchten

ZUTATEN
1,1 kg reife Sauerkirschen (entsteint ca. 900 g)
1 kg Gelierzucker 1:1
Saft von 1 großen Zitrone

FÜR DEN ESPRESSO
125 g fein gemahlenes Espressopulver

TIPP

Wenn Sie Kirsch-Espresso-Delice mögen, könnte Ihnen auch schmecken:

KIRSCHE PUR (S. 83)
KIRSCHE MIT SCHOKOLADE (S. 86)
ESPRESSOGELEE (S. 160)

VORBEREITUNG

Bereiten Sie alles nach dem Grundrezept „Kirsche pur" vor (siehe S. 83). Kochen Sie einen starken Espresso, indem Sie 600 ml Wasser zum Kochen bringen und anschließend das Espressopulver darin 30 Minuten zugedeckt ziehen lassen. Seihen Sie den Espresso anschließend durch einen Kaffeefilter ab und geben Sie davon 200 ml zur vorbereiteten Fruchtmischung.

ZUBEREITUNG

Bei der Zubereitung verfahren Sie, wie im Grundrezept beschrieben. Pürieren Sie ein Drittel der Kirschen, und gehen Sie wie angegeben weiter vor.

ANREGUNG

Man kann dem Aufstrich am Ende der Kochzeit noch 2–3 EL Kirschwasser, Mandel- oder auch Kaffeelikör zugeben. Leicht erwärmt macht sich diese Kombination toll über Eis oder an Sahne-Waffeln.

ZWETSCHGE PUR

Grundrezept

☺

Für ca. 8 Gläser à 250 ml

ZUBEREITUNG ca. 45 Minuten
RUHEZEIT mind. 8 Stunden
HALTBARKEIT etwa 12 Monate

EIGENSCHAFTEN
Dunkle Farbe, fruchtig-würzig, cremige Konsistenz

ZUTATEN
1,4 kg reife Zwetschgen
(entsteint ca. 1,1 kg)
1 kg Gelierzucker 1:1
Saft von 1 Zitrone

AUSSERDEM BRAUCHEN SIE
8 Gläser mit Schraubverschluss
(sauber vorbereitet, siehe S. 20)
1 großen Topf von mind. 4, besser 5 Litern Inhalt
1 Pürierstab
1 großen Holzkochlöffel

TIPP

Wenn Sie Zwetschge pur mögen, könnte Ihnen auch schmecken:

„BLACK BERRIES" (S. 61)
BEERENTÖPFCHEN AUS HOLUNDERBEEREN (S. 73)
KIRSCHE PUR (S. 83)

VORBEREITUNG

Die Zwetschgen verlesen und kalt abbrausen. Auf Küchenkrepp vorsichtig trocknen und anschließend entsteinen. Die Zwetschgen in einen großen Kochtopf geben, mit dem Zucker mischen und Zitronensaft unterrühren. Über Nacht Saft ziehen lassen.

ZUBEREITUNG

Am nächsten Tag alles gut umrühren, die Masse gut durchpürieren und unter ständigem Rühren aufkochen. Wenn die Masse anfängt sprudelnd zu kochen, beginnt die Kochzeit. 4 Minuten sprudelnd kochen lassen, dabei ständig weiterrühren. Die Gelierprobe durchführen (siehe S. 19). Das Kochgut eventuell abschäumen und randvoll in die vorbereiteten Gläser füllen. Den Deckel fest verschrauben und die Gläser 5–10 Minuten auf den Kopf stellen.

HINWEIS

Auf die gleiche Weise können Sie Pflaumen und Reneklođen verkochen.

VARIANTEN

Diesen Aufstrich können Sie mit 2–3 EL Pflaumenschnaps (bzw. Zwetschgenwasser) oder 1–2 TL Zimt variieren. Eine herzhafte Note bekommt er durch die Zugabe von 1 EL zuvor gewaschenem und fein gehacktem Rosmarin – so passt er toll zu Wildgerichten. Mit einer Tasse starkem Espresso schmeckt er zu Eis. Eine frische Variante erhalten Sie mit 900 g geputzten Zwetschgen sowie 200 ml Zitronensaft.

PFLAUMENMUS

Auch Powidl oder Ladwersch

Für ca. 12 Gläser à 250 ml

ZUBEREITUNG ca. 45 Minuten
RUHEZEIT mind. 3 Stunden
HALTBARKEIT etwa 12 Monate

EIGENSCHAFTEN
Vollfruchtiges Aroma, nachtschwarz und schöne Konsistenz

ZUTATEN
- 3 kg sehr reife Zwetschgen
- 250 g Zucker
- 250 g brauner Zucker
- 5 Nelken
- 1 TL Zimt, nach Belieben
- 2–4 Zwetschgensteine

AUSSERDEM BRAUCHEN SIE
- 12 Gläser mit Schraubverschluss (sauber vorbereitet, siehe S. 20)
- 1 Bräter von mind. 4 Litern Inhalt
- 1 Pürierstab
- 1 großen Holzkochlöffel

VORBEREITUNG

Die Zwetschgen waschen, trocknen, halbieren und entsteinen. 2–4 Steine beiseitelegen. Mit den Zuckersorten und den Gewürzen mischen, in einen Bräter oder eine andere backofengeeignete Form geben und ca. 3–4 Stunden einzuckern lassen. Anschließend die Zwetschgenkerne hinzugeben.

ZUBEREITUNG

Die Fruchtmasse bei 180 °C im Backofen ca. 2 Stunden schön dick einkochen lassen. In den ersten 30–45 Minuten einen Kochlöffel in die Backofentür klemmen, damit die Feuchtigkeit entweichen kann. Zum Schluss die Kerne entfernen, die Masse nach Belieben noch einmal kurz mit dem Pürierstab pürieren und in die vorbereiteten Gläser füllen. Diese auf den Kopf stellen und abkühlen lassen.

TIPP

Wer einen Walnussbaum im Garten hat, kann nach dem Einzuckern der Zwetschgen auch eine unreife (grüne) Walnuss zur Masse geben. Diese zerfällt beim Kochen vollständig und verleiht dem Pflaumenmus seine dunkle Farbe.

HINWEIS

Dieser Aufstrich schmeckt hervorragend zu Gebäck oder als Tortenfüllung, aber auch zu Käse.

TIPP

Wenn Sie Pflaumenmus mögen, könnte Ihnen auch schmecken:

BEERENTÖPFCHEN AUS HOLUNDERBEEREN (S. 73)
BRATAPFEL (S. 110)
QUITTENMUS (S. 120)

ROTWEINPFLAUME MIT ZIMT

Winzerfrühstück

Für ca. 8 Gläser à 250 ml

ZUBEREITUNG ca. 45 Minuten
RUHEZEIT mind. 8 Stunden
HALTBARKEIT etwa 9 Monate

EIGENSCHAFTEN
Vollfruchtiges, feinherbes Aroma, schöne Konsistenz

ZUTATEN
1,1 kg reife Zwetschgen (entsteint ca. 850 g)
1 kg Gelierzucker 1:1
Saft von 1 großen Zitrone
250 ml trockener Rotwein
1–2 TL Zimt

VORBEREITUNG

Mischen Sie die vorbereiteten Zwetschgen mit dem Zucker und dem Zitronensaft, und gehen Sie wie im Grundrezept „Zwetschge pur" beschrieben weiter vor (siehe S. 91). Geben Sie abschließend den Rotwein sowie den Zimt hinzu.

ZUBEREITUNG

Alles gut durchpürieren und wie im Grundrezept beschrieben weiter fortfahren.

VARIANTE

Eine schöne Ergänzung sind 100 g Mandelstifte, die Sie nach dem Pürieren hinzufügen.

TIPP

Wenn Sie Rotweinpflaume mit Zimt mögen, könnte Ihnen auch schmecken:

WINTERLICHE ERDBEERE (S. 55)
KIRSCHEN MIT HOLUNDERBEEREN – BAUERNSCHMAUS (S. 84)
BRATAPFEL (S. 110)

ZWETSCHGE MIT KARAMELLISIERTEN WALNÜSSEN

Für ca. 8 Gläser à 250 ml

ZUBEREITUNG ca. 45 Minuten
RUHEZEIT mind. 3 Stunden
HALTBARKEIT etwa 9 Monate

EIGENSCHAFTEN
Würzig-nussiger Charakter,
eher warm und tragend

ZUTATEN
1,1 kg reife Zwetschgen
oder Pflaumen (entsteint ca. 950 g)
1 kg Gelierzucker 1:1
Saft von 1 großen Zitrone
150 g Walnusskerne
150 g Zucker
50 ml Zwetschgenwasser

TIPP

Wenn Sie Zwetschge mit karamellisierten Walnüssen mögen, könnte Ihnen auch schmecken:

WINTERLICHE ERDBEERE (S. 55)
HIMBEERE MIT SCHOKOLADE UND MACADAMIANÜSSEN (S. 68)
BRATAPFEL (S. 110)

VORBEREITUNG

Mischen Sie die vorbereiteten Zwetschgen bzw. Pflaumen mit dem Gelierzucker und dem Zitronensaft und gehen Sie wie im Grundrezept „Zwetschge pur" beschrieben weiter vor (siehe S. 91). Die Walnusskerne grob hacken, den Zucker in einer Pfanne karamellisieren, die Walnüsse hinzugeben, darin wenden und mit dem Zwetschgenwasser ablöschen.

ZUBEREITUNG

Bei der Zubereitung verfahren Sie, wie im Grundrezept beschrieben. Geben Sie nach dem Pürieren der Zwetschgen bzw. Pflaumen die karamellisierten Walnüsse hinzu.

ANREGUNG

Diese Kombination eignet sich gut zu Mürbeteiggebäck, etwa Plätzchen oder Kuchenböden, zu Eis und auch zu Crêpes oder Pfannkuchen.

VARIANTE

Statt der Walnüsse können Sie auch Haselnusskerne nehmen, die Sie mit Marsala ablöschen.

APRIKOSE, PFIRSICH ODER NEKTARINE PUR

Grundrezept

Für ca. 8 Gläser à 250 ml

ZUBEREITUNG ca. 45 Minuten
RUHEZEIT mind. 3 Stunden
HALTBARKEIT etwa 12 Monate

ZUTATEN
1,5 kg reife Aprikosen bzw.
Pfirsiche oder Nektarinen (entsteint ca. 1,2 kg)
1 unbehandelte Zitrone
1 Vanilleschote
1 kg Gelierzucker 1:1

AUSSERDEM BRAUCHEN SIE
8 Gläser mit Schraubverschluss
(sauber vorbereitet, siehe S. 20)
1 großen Topf von mind. 4, besser
5 Litern Inhalt
1 Pürierstab
1 großen Holzkochlöffel

TIPP

Wenn Sie Aprikose, Pfirsich oder Nektarine pur mögen, könnte Ihnen auch schmecken:

HIMBEERE MIT GELBEM OBST (S. 67)
FRUCHTIGE ORANGE (S. 131)
CAMPARI-BLUTORANGE (S. 136)

VORBEREITUNG

Die Aprikosen bzw. Pfirsiche in einer Schüssel mit kochendem Wasser übergießen und einige Minuten abgedeckt stehen lassen (Nektarinen müssen nicht geschält werden). Die Früchte abkühlen lassen, schälen und entsteinen. Je nach Vorliebe etwa die Hälfte sehr klein würfeln, den Rest pürieren. Die Zitrone heiß abwaschen, trocken reiben und etwa 1 TL Schale abreiben, den Saft auspressen. Die Vanilleschote längs halbieren und das Mark herauskratzen. Das Fruchtpüree mit geschnittenem Obst, Zitronensaft und -schale, Vanillemark und -schote sowie Gelierzucker mischen und mind. 3 Stunden, am besten über Nacht, ziehen lassen.

ZUBEREITUNG

Die Fruchtmischung in einem sehr großen Topf bei starker Hitze und unter ständigem Rühren zum Kochen bringen, bis sie kräftig sprudelt. Erst jetzt beginnt die Kochzeit. 4 Minuten sprudelnd kochen lassen, dabei ständig weiterrühren. Die Gelierprobe durchführen (siehe S. 19). Eventuell das Kochgut abschäumen. Die Vanilleschote entfernen und die vorbereiteten Gläser randvoll damit befüllen. Diese sofort mit dem Schraubdeckel verschließen und 5–10 Minuten auf dem Kopf stehen lassen.

ANMERKUNG

Früher kochte man Aprikosenkerne für ein kräftigeres Aroma mit. Etwa die Hälfte der Steine wurde entkernt, die Kerne fein gehackt und der Masse hinzugefügt. Davon wird heute abgeraten, weil die Kerne der Aprikosen wie bei anderem Steinobst auch Blausäure enthalten. Alternativ können Sie kurz vor dem Ende der Kochzeit 2–3 EL Mandellikör (z.B. Amaretto) zugeben. Der Weinbergpfirsich schmeckt hingegen pur am besten.

APRIKOSE ODER PFIRSICH MIT KRÄUTERN

Für ca. 8 Gläser à 250 ml

ZUBEREITUNG ca. 45 Minuten
RUHEZEIT mind. 3 Stunden
HALTBARKEIT etwa 9 Monate

ZUTATEN
1,5 kg reife Aprikosen/Pfirsiche (entsteint ca. 1,2 kg)
1 unbehandelte Zitrone
1 Vanilleschote
1 kg Gelierzucker 1:1
10–15 Stängel bzw. Zweige Lavendel, Thymian, Zitronenmelisse, Minze oder Estragon, nach Belieben

TIPP

Wenn Sie Aprikose oder Pfirsich mit Kräutern mögen, könnte Ihnen auch schmecken:

ERDBEERE MIT SOMMERKRÄUTERN ODER VANILLE (S. 42)
KIRSCHRAGOUT MIT PORTWEIN UND ESTRAGON (S. 89)
KRÄUTERGELEES AUF APFELBASIS (S. 166)

VORBEREITUNG

Bereiten Sie alles nach dem Grundrezept vor (siehe S. 98).

ZUBEREITUNG

Die Kräuter vorsichtig waschen, mit Küchenkrepp trocken tupfen und die Blätter abzupfen. Je nach Geschmack fein hacken. Dann verfahren Sie, wie im Grundrezept beschrieben. Geben Sie die Kräuter kurz vor Ende der Kochzeit in die heiße Masse und mischen Sie sie kräftig unter. Die Masse kurz ziehen lassen und wie beschrieben in die vorbereiteten Gläser füllen.

HINWEIS

Die Zugabe von Kräutern sollte erst am Ende der Kochzeit erfolgen, da ihr feines Aroma beim Kochen verfliegen kann. Außerdem verringert die Beigabe der meisten Kräuterarten die Haltbarkeit um etwa 3 Monate.

APRIKOSE ODER PFIRSICH MIT PISTAZIEN

☺

Für ca. 4–5 Gläser à 250 ml

ZUBEREITUNG ca. 45 Minuten
RUHEZEIT mind. 3 Stunden
HALTBARKEIT etwa 12 Monate

EIGENSCHAFTEN
Vollfruchtiges Aroma
mit nussigem Charakter

ZUTATEN
1,5 kg reife Aprikosen/Pfirsiche
(entsteint ca. 1,2 kg)
1 unbehandelte Zitrone
1 Vanilleschote
1 kg Gelierzucker 1:1
ca. 50–70 g gehackte
Pistazienkerne, je nach
Belieben auch bis zu 100 g

VORBEREITUNG

Bereiten Sie alles nach dem Grundrezept vor (siehe S. 98). Dann geben Sie die Pistazienkerne hinzu.

ZUBEREITUNG

Bei der Zubereitung verfahren Sie, wie im Grundrezept beschrieben.

VARIANTEN

Bei diesem Aufstrich können Sie das Mark der Vanilleschote durch einige Tropfen Buttervanille-Aroma ersetzen. Das macht das Aroma noch weicher und schmeckt vor allem Kindern sehr gut. Statt der Pistazien können Sie auch 2 EL Mohnsamen zum Kochgut geben. Toll schmecken stattdessen auch 100 g Mandelstifte und 2 EL Mandellikör. Möchten Sie lieber einen würzigen Aufstrich, dann geben Sie statt der Pistazien und der Vanille einfach 2 EL getrocknete grüne Pfefferkörner, Rosa Beeren, eine klein gewürfelte Chilischote bzw. 3–5 Nelken zum Kochgut.

TIPP

Wenn Sie diesen Aufstrich mit Pistazien mögen, könnte Ihnen auch schmecken:

ERDBEERE MIT „BISS" (S. 48)
ZWETSCHGE MIT KARAMELLISIERTEN WALNÜSSEN (S. 96)
BRATAPFEL (S. 110)

APRIKOSE ODER PFIRSICH FEIN KOMBINIERT

Für ca. 8 Gläser à 250 ml

ZUBEREITUNG ca. 45 Minuten
RUHEZEIT mind. 3 Stunden
HALTBARKEIT 9–12 Monate
(je nach Variante)

EIGENSCHAFTEN
Vollfruchtiges Aroma, schöne Farbe und Konsistenz

ZUTATEN
1,1 kg reife Aprikosen/Pfirsiche
(entsteint ca. 750 g)
Saft von 1 Zitrone
1 kg Gelierzucker 1:1
350 g Obst nach Belieben

TIPP

Wenn Sie Aprikose oder Pfirsich fein kombiniert mögen, könnte Ihnen auch schmecken:

ORANGE PUR (S. 34)
HIMBEERE MIT GELBEM OBST (S. 67)
APFEL- ODER BIRNENAUFSTRICH KREATIV (S. 108)

VORBEREITUNG

Bereiten Sie alles nach dem Grundrezept vor (siehe S. 98). Als Obst Ihrer Wahl eignen sich:

350 g Sauerkirschen und etwas Mandellikör
350 g Himbeeren und Himbeergeist oder 1 Vanilleschote
350 g Erdbeeren und 50 g gehackte Pistazienkerne
350 g Äpfel und etwas Sliwowitz oder 1 Chilischote
350 g Orangenfilets und die Blättchen von ca. 30 g Zitronenmelisse oder Minze
350 g Rote Johannisbeeren
350 g Pflaumen (passen vor allem zum Pfirsich, ideal mit etwas frischem Ingwer)
350 g frische Feigen und Pistazienkerne; bei dieser Variante sollte statt 1 kg Gelierzucker 1:1 (siehe links) 500 g Gelierzucker 2:1 verwendet werden
350 g Bananen und etwas Ingwer; bei dieser Variante sollte statt 1 kg Gelierzucker 1:1 (siehe links) 500 g Gelierzucker 2:1 verwendet werden
350 g Ananas; bei dieser Variante sollte statt 1 kg Gelierzucker 1:1 (siehe links) 500 g Gelierzucker 2:1 verwendet werden

ZUBEREITUNG

Bei der Zubereitung verfahren Sie, wie im Grundrezept beschrieben.

HINWEIS

Da Aprikosen und Pfirsiche ein sehr feines Aroma haben, sollten Sie obige Mischungsverhältnisse einhalten, um es nicht zu überdecken.

APRIKOSE ODER PFIRSICH MIT SCHUSS

Für ca. 8 Gläser à 250 ml

ZUBEREITUNG ca. 45 Minuten
RUHEZEIT mind. 3 Stunden
HALTBARKEIT etwa 12 Monate

EIGENSCHAFTEN
Vollfruchtiges Aroma mit warmem Charakter

ZUTATEN
1,5 kg reife Aprikosen/Pfirsiche (entsteint ca. 1,2 kg)
1 unbehandelte Zitrone
1 Vanilleschote
1 kg Gelierzucker 1:1
Alkohol nach Belieben

TIPP

Wenn Sie Aprikose oder Pfirsich mit Schuss mögen, könnte Ihnen auch schmecken:

ERDBEERE PUR (S. 30)
APRIKOSEN- ODER PFIRSICH FEIN KOMBINIERT (S. 102)
ORANGENGELEE MIT ORANGENLIKÖR (S. 140)

VORBEREITUNG

Bereiten Sie alles nach dem Grundrezept vor (siehe S. 98).

ZUBEREITUNG

Bei der Zubereitung verfahren Sie, wie im Grundrezept beschrieben. Am Ende der Kochzeit können Sie den Aufstrich aromatisieren mit:

2–3 EL Mandellikör
2–3 EL Rum
2–3 EL Sliwowitz
2–3 EL Marillenbrand oder -likör
2–3 EL Whisky

ALTERNATIVE

Alternativ können Sie auch 100 g Früchte durch 100 ml Weißwein bzw. Prosecco ersetzen.

HINWEIS

Mandellikör und Rum machen den Aufstrich warm und geben außerdem der Farbe eine schöne Tiefe. Sliwowitz, Marillenbrand und Whisky geben ihm eine etwas herbere Note.

KER

NOBST

SOLINGEN

APFEL- ODER BIRNENAUFSTRICH

Grundrezept

☺

Für ca. 6 Gläser à 250 ml

ZUBEREITUNG ca. 45 Minuten
HALTBARKEIT etwa 12 Monate

ZUTATEN
1 unbehandelte Zitrone
1,3 kg Äpfel/Birnen
(geputzt ca. 1 kg)
25 g Bio-Ingwer
500 g Gelierzucker 2:1

AUSSERDEM BRAUCHEN SIE
6 Gläser mit Schraubverschluss
(sauber vorbereitet, siehe S. 20)
1 großen Topf von mind. 4,
besser 5 Litern Inhalt
1 Pürierstab
1 großen Holzkochlöffel

TIPP

Wenn Sie den Aufstrich von Apfel oder Birne mögen, könnte Ihnen auch schmecken:

PFLAUMENMUS (S. 94)
BRATAPFEL (S. 110)
QUITTENMUS (S. 120)

VORBEREITUNG

Die Zitrone heiß abwaschen, trocken tupfen, nach Belieben 1–2 TL der Schale abreiben und den Saft auspressen. Äpfel oder Birnen waschen, schälen, das Kerngehäuse entfernen und in feine Würfel schneiden. Sofort mit dem Zitronensaft mischen, sonst färbt sich das Obst braun. Den Ingwer je nach Geschmack schälen oder gut waschen, in kleine Würfelchen schneiden oder fein reiben und hinzugeben.

ZUBEREITUNG

Alles in einen großen Topf geben und mit dem Zucker mischen. Mit dem Pürierstab ca. ein Drittel der Menge pürieren, den Rest als Würfel belassen. Die Fruchtmasse unter ständigem Rühren vorsichtig erhitzen (das Kochgut kann leicht anbrennen, da bei der Zubereitung von Äpfel und Birnen wenig Saft entsteht). Wenn die Masse anfängt zu sprudeln bzw. aufzuwallen, weitere 3 Minuten kochen, dabei ständig weiterrühren. Die Gelierprobe durchführen (siehe S. 19) und das Kochgut eventuell abschäumen. Anschließend die noch heiße Masse in die vorbereiteten Gläser füllen, diese sofort mit den Deckeln verschrauben, umdrehen und 5–10 Minuten auf dem Kopf stehen lassen.

VARIANTEN

Sie können Äpfel und Birnen ganz nach Belieben mischen und zusammen verkochen. Empfehlenswert ist jedoch immer, etwas Ingwer zuzufügen – der hebt das Aroma. Statt Zitronensaft können Sie auch Limettensaft nehmen, der macht die Konfitüre fruchtiger. Dem puren Apfelaufstrich geben Sie mit 6 EL Honig und 1 TL Zimt eine warme Note. Ebenso können Sie auch 3 EL geröstete Mandelblättchen und 1 TL Zimt zufügen. Dem puren Birnenaufstrich können Sie auch 2 EL Williams-Christ-Birnenbrand hinzufügen.

APFEL- ODER BIRNENAUFSTRICH KREATIV

☺

Für ca. 6 Gläser à 250 ml

ZUBEREITUNG ca. 40 Minuten
HALTBARKEIT etwa 12 Monate

ZUTATEN
800 g Äpfel oder Birnen (geputzt ca. 500 g)
500 g Gelierzucker 2:1
Saft von 1 Zitrone
500 g geputztes Obst nach Belieben

Da Äpfel und Birnen ein dezentes Aroma haben, lassen sie sich prima mit anderen Obstsorten kombinieren. Außerdem gelingt ein Fruchtaufstrich insbesondere mit Äpfeln immer.

TIPP

Wenn Sie diesen Aufstrich mögen, könnte Ihnen auch schmecken:

HIMBEERE MIT ÄPFELN UND THYMIAN (S. 72)
BEERENTÖPFCHEN AUS HOLUNDERBEEREN (S. 73)
ZWETSCHGE MIT KARAMELLISIERTEN WALNÜSSEN (S. 96)

VORBEREITUNG

Gehen Sie bei der Vorbereitung wie im Grundrezept beschrieben vor (siehe S. 107). Geben Sie außerdem das Obst bzw. die Zutaten Ihrer Wahl hinzu. Dafür eignen sich:

500 g Kiwis (Sie können grüne oder weiße Pfefferkörner zusätzlich zufügen)
500 g Ananas (und nach Belieben 2–3 EL Whisky)
500 g Aprikosen/Pfirsiche (zusätzlich nach Belieben z.B. hellen Likör von Aprikose oder Pfirsich)
300 ml Apfelsaft und 200 g Cranberries
500 g Pflaumen oder Zwetschgen (und nach Belieben 1 TL Zimt)
500 g Bananen (je nach Geschmack mit zusätzlich etwas Ingwer)
300 ml Apfelsaft und 200 g weiche, gewürfelte Karamellbonbons
500 g Brombeeren (nach Belieben mit zusätzlich 1 Lorbeerblatt)
300 ml Apfelsaft und 200 g Möhren (die Möhren fein raspeln und mit dem Apfelsaft zunächst ca. 5 Minuten weich kochen)
500 g Holunderbeeren
500 g Kürbis (Hokkaido oder Butternut, zusammen mit den Äpfeln und etwa 50 ml Apfelsaft erst dünsten, dann gut durchpürieren und verkochen, nach Belieben mit etwas Ingwer, 1 Chilischote oder 1 Zimtstange, die Sie am Ende der Kochzeit entfernen, würzen)

ZUBEREITUNG

Gehen Sie bei der Zubereitung wie im Grundrezept beschrieben vor.

HINWEIS

Ein kreativer Fruchtaufstrich gelingt auch, wenn Sie nur eine kleine Menge anderes Obst verwenden, das Sie übrig haben. Es sollten jedoch mindestens 200 g sein. Erhöhen Sie entsprechend die Apfel- bzw. Birnenmenge, bis Sie insgesamt 1 kg Fruchtmasse haben.

APFELAUFSTRICH MIT ORANGEN UND MARZIPAN

Für ca. 8 Gläser à 250 ml

ZUBEREITUNG ca. 45 Minuten
HALTBARKEIT etwa 9 Monate

ZUTATEN
1,3 kg Äpfel
(geputzt ca. 1 kg)
Saft von 1 Zitrone
800 g Orangen
(ca. 500 g Orangenfilets)
250 g Marzipanrohmasse
2–3 EL Mandellikör
750 g Gelierzucker 2:1

VORBEREITUNG

Die Äpfel waschen, schälen, das Kerngehäuse entfernen und in feine Würfel schneiden. Sofort mit dem Zitronensaft mischen. Die Orangen schälen, die Filets aus den Trennhäuten lösen, in kleine Stücke schneiden und 50 g beiseitelegen. Die Marzipanrohmasse in sehr kleine Würfel schneiden.

ZUBEREITUNG

Alle Zutaten, bis auf den Gelierzucker, mischen und 5 Minuten dünsten. Den Gelierzucker hinzugeben und alles unter Rühren zum Kochen bringen, bis die Masse zu sprudeln beginnt. Weitere 4 Minuten sprudelnd kochen, dabei ständig weiterrühren. Die Gelierprobe durchführen (siehe S. 19). Das Kochgut eventuell abschäumen und sofort die vorbereiteten Gläser randvoll damit befüllen. Diese mit Schraubdeckeln verschließen, umdrehen und ca. 5 Minuten auf dem Deckel stehen lassen.

VARIANTE

Statt Mandellikör können Sie auch die gleiche Menge Orangenbrand oder -likör verwenden.

TIPP

Wenn Sie diesen Aufstrich mögen, könnte Ihnen auch schmecken:

ZWETSCHGE MIT KARAMELLISIERTEN WALNÜSSEN (S. 96)
BRATAPFEL (S. 110)
FRUCHTIGE ORANGE (S. 131)

BRATAPFEL

Für ca. 8 Gläser à 250 ml

ZUBEREITUNG ca. 45 Minuten
HALTBARKEIT etwa 9 Monate

ZUTATEN
100 g Rosinen
6–8 EL Rum
2,5 kg Äpfel (geputzt ca. 2 kg), nehmen Sie eine herb-säuerliche Apfelsorte wie Holsteiner Cox oder Boskop
Saft von 2 Zitronen
200 g Mandelstifte
1 Vanilleschote
1–2 EL Zimt
1 kg Gelierzucker 1:1

VORBEREITUNG

Die Rosinen in eine Schale geben und so viel Rum hinzufügen, dass diese vollständig damit bedeckt sind. Über Nacht stehen lassen. Am nächsten Tag die Äpfel waschen, schälen, das Kerngehäuse entfernen und in feine Würfel schneiden. Sofort mit dem Zitronensaft mischen. Die Mandeln in einer Pfanne ohne Zugabe von Fett rösten. Die Vanilleschote längs halbieren und das Mark herauskratzen.

ZUBEREITUNG

Alle Zutaten, bis auf den Gelierzucker, mischen und 5 Minuten dünsten. Den Zucker zugeben und alles unter Rühren zum Kochen bringen, bis die Masse zu sprudeln beginnt. Weitere 4 Minuten sprudelnd kochen, dabei ständig weiterrühren. Die Vanilleschote entfernen und nach Belieben weitere 1–2 EL Rum hinzufügen. Die Gelierprobe durchführen (siehe S. 19) und das Kochgut eventuell abschäumen. Sofort die vorbereiteten Gläser randvoll damit füllen. Diese mit Schraubdeckeln verschließen, umdrehen und ca. 5 Minuten auf dem Deckel stehen lassen.

VARIANTE

Statt der Rosinen können Sie auch die gleiche Menge Marzipan nehmen, und anstelle der Mandeln passen auch gut geröstete Haselnusskerne.

TIPP

Wenn Sie Bratapfel mögen, könnte Ihnen auch schmecken:

ROTWEINPFLAUME MIT ZIMT – WINZERFRÜHSTÜCK (S. 95)
ZWETSCHGE MIT KARAMELLISIERTEN WALNÜSSEN (S. 96)
APRIKOSE MIT PISTAZIEN (S. 101)

BIRNE MIT ROTWEIN

Für ca. 6 Gläser à 250 ml

ZUBEREITUNG ca. 45 Minuten
HALTBARKEIT etwa 12 Monate

EIGENSCHAFTEN
Sehr warmes Aroma, schöne Konsistenz

ZUTATEN
ca. 200 g Orangen
(ca.100 g Orangenfilets)
850 g Birnen
(geputzt ca. 700 g)
Saft von 1 großen Zitrone
200 ml trockener Rotwein
1 TL Zimt
1 kleines Stück Bio-Ingwer
(ca. 2 cm)
500 g Gelierzucker 2:1
2–3 EL Williams-Christ-Birnenbrand,
nach Belieben
3–4 Nelken

AUSSERDEM BRAUCHEN SIE
6 Gläser mit Schraubverschluss
(sauber vorbereitet, siehe S. 20)
1 großen Topf von mind. 4, besser 5 Litern Inhalt
1 Pürierstab
1 großen Holzkochlöffel

VORBEREITUNG

Die Orangen schälen und die Filets aus den Trennhäuten lösen. Die Birnen waschen, schälen, das Kerngehäuse entfernen und mit den übrigen Zutaten bis auf die Nelken mischen.

ZUBEREITUNG

Die Fruchtmasse gut durchpürieren, die Nelken hinzugeben und weiter verfahren, wie im Grundrezept beschrieben (siehe S. 107).

VARIANTE

Sie können diesen leckeren Aufstrich statt mit Birnen auch mit der entsprechenden Menge Äpfeln zubereiten. Alternativ können Sie nach Belieben 1 Chilischote, nachdem Sie diese gewaschen, die Kerne sowie die weißen Innenhäute entfernt und klein geschnitten haben, zum Kochgut geben.

TIPP

Wenn Sie Birne mit Rotwein mögen, könnte Ihnen auch schmecken:

WINTERLICHE ERDBEERE (S. 55)
KIRSCHE MIT ROTWEIN UND HONIG (S. 87)
ROTWEINPFLAUME MIT ZIMT – WINZERFRÜHSTÜCK (S. 95)

BIRNE HELENE

☺

Für ca. 6 Gläser à 250 ml

ZUBEREITUNG ca. 45 Minuten
HALTBARKEIT etwa 12 Monate

EIGENSCHAFTEN
Feines Schokoladenaroma, schöne Konsistenz

ZUTATEN
950 g Birnen
(geputzt ca. 800 g)
Saft von 1 großen Zitrone
1 großes Stück Bio-Ingwer (ca. 3 cm), nach Belieben auch mehr
300 ml herbe Schokoladensauce, wahlweise Schokolade mit mind. 70 % Kakaoanteil
500 g Gelierzucker 2:1
2–3 EL Williams-Christ-Birnenbrand, nach Belieben

VORBEREITUNG

Die Birnen waschen, schälen, das Kerngehäuse entfernen, klein schneiden und mit dem Zitronensaft mischen. Je nach Belieben Ingwer schälen oder waschen und fein reiben. Die Schokoladensauce, den Ingwer und den Zucker hinzugeben.

ZUBEREITUNG

Die Fruchtmasse gut durchpürieren und wie im Grundrezept beschrieben weiter verfahren (siehe S. 107). Bei diesem Aufstrich ist das Rühren besonders wichtig, da die Masse leicht anbrennen kann. Kurz vor Ende der Kochzeit den Williams-Christ-Birnenbrand zugeben.

VARIANTE

Sie können diesen leckeren Aufstrich statt mit Birnen auch mit der entsprechenden Menge Bananen zubereiten.

TIPP

Wenn Sie Birne Helene mögen, könnte Ihnen auch schmecken:

ERDBEERE MIT WEISSER SCHOKOLADE (S. 54)
KIRSCHE MIT SCHOKOLADE (S. 86)
BRATAPFEL (S. 110)

APFELGELEE PUR UND KREATIV

☺

Für ca. 6 Gläser à 200 ml

ZUBEREITUNG ca. 30 Minuten (bei Zubereitung mit gekauftem Apfelsaft)
HALTBARKEIT etwa 9 Monate

EIGENSCHAFTEN
Kaum ein Gelee lässt sich so gut variieren wie das Apfelgelee

ZUTATEN
800 ml klarer Apfelsaft
(selbst gepresst, hochwertiger Saft aus der Flasche oder
Direktsaft aus Streuobst)
Saft von 1 Zitrone
500 g Gelierzucker 2:1

AUSSERDEM BRAUCHEN SIE
6 Gläser mit Schraubverschluss (sauber vorbereitet, siehe S. 20)
1 großen Topf von mind. 4,
besser 5 Litern Inhalt
1 großen Holzkochlöffel

TIPP

Wenn Sie dieses Gelee mögen, könnte Ihnen auch schmecken:

BEERENGELEE AUS HOLUNDERBEEREN (S. 59)
QUITTENGELEE (S. 121)
KRÄUTERGELEES AUF APFELBASIS (S. 166)

VORBEREITUNG

Den Apfelsaft mit dem Zitronensaft und Gelierzucker in einen Topf geben.

ZUBEREITUNG

Alle Zutaten unter Rühren zum Kochen bringen, bis die Masse zu sprudeln beginnt. Weitere 3–4 Minuten sprudelnd kochen, dabei ständig weiterrühren. Die Gelierprobe durchführen (siehe S. 19). Das Kochgut eventuell abschäumen. Damit die vorbereiteten Gläser randvoll befüllen, diese mit Schraubdeckeln verschließen, umdrehen und ca. 5 Minuten auf dem Deckel stehen lassen.

KREATIVE VARIANTE

Für eine kreative Variante können Sie folgende Zutaten verwenden:

50 g gehackte Pistazienkerne (und nach Belieben 2–3 EL Calvados)
100 g Walnusskerne, grob zerstoßen mitkochen und nach Belieben am Ende der Kochzeit 2–3 EL Walnusslikör hinzugeben
100 g geraspelte Möhren
50 g geriebener Ingwer
1 Döschen (0,1 g) Safranfäden, nach Belieben auch mehr
1 TL Lebkuchengewürz und 1 TL Zimt
100 g Kumquats (Diese waschen, halbieren, die Kerne entfernen und in 2–3 mm dünne Scheiben schneiden. Nach 2 Minuten Kochzeit zugeben und noch 1–2 Minuten mitkochen.)
3 Vanilleschoten (Längs halbieren, das Mark herauskratzen und mitkochen. Je ½ Schote in ein vorbereitetes Glas geben und das heiße Kochgut hineinfüllen)
6 Chilischoten (Diese gut waschen, die Stielenden entfernen und mitkochen. Die Schoten auf die Gläser verteilen und das Kochgut hineinfüllen.)
6 Zimtstangen (Je 1 Zimtstange in ein vorbereitetes Glas geben und das heiße Kochgut hineinfüllen.)
150 g (Rum-)Rosinen mit 600 ml Apfelsaft mischen und wie beschrieben zubereiten
250 ml Prosecco mit 550 ml Apfelsaft mischen und wie beschrieben zubereiten. Zum Schluss 2–3 EL Campari hinzugeben.
400 ml Quittensaft mit 400 ml Apfelsaft mischen, weiter vorgehen wie beschrieben
150 ml Holundersaft mit 600 ml Apfelsaft mischen, weiter vorgehen wie beschrieben
100 ml Holunderblütensaft oder -sirup mit 700 ml Apfelsaft mischen, weiter vorgehen wie beschrieben
2–3 EL Mandellikör, Calvados oder dunklen Rum am Ende der Kochzeit hinzufügen

ÄBBELWOI-SEKT UND ÄBBELWOI-GRAPEFRUIT

Für ca. 6 Gläser à 200 ml

ZUBEREITUNG ca. 45 Minuten
HALTBARKEIT etwa 12 Monate

EIGENSCHAFTEN
Dunkles Gelb bzw. helles Rot, besonders fruchtig, festere Konsistenz

ZUTATEN FÜR ÄBBELWOI-SEKT:
500 ml qualitativ hochwertiger Apfelwein
250 ml trockener Sekt
Saft von 1 Zitrone
500 g Gelierzucker 2:1

ZUTATEN FÜR ÄBBELWOI-GRAPEFRUIT:
500 ml qualitativ hochwertiger Apfelwein
250 ml Grapefruitsaft
1–2 EL Grenadine-Sirup
Saft von 1 Limette
500 g Gelierzucker 2:1

AUSSERDEM BRAUCHEN SIE
6 Gläser mit Schraubverschluss (sauber vorbereitet, siehe S. 20)
1 großen Topf von mind. 4, besser 5 Litern Inhalt
1 großen Holzkochlöffel

VORBEREITUNG

Geben Sie, je nach entsprechendem Rezept, alle Zutaten in einen Topf. Achten Sie darauf, dass der Grapefruit-, Limetten- bzw. Zitronensaft klar, d.h. ohne Fruchtfleisch ist, denn das macht das Gelee trübe.

ZUBEREITUNG

Bringen Sie die Masse unter Rühren zum Kochen. Alles 4 Minuten sprudelnd kochen lassen, dabei ständig weiterrühren. Die Gelierprobe durchführen (siehe S. 19). Eventuell am Ende der Kochzeit das Kochgut abschäumen. Anschließend die vorbereiteten Gläser damit befüllen, diese verschließen und 5–10 Minuten umgekehrt auf dem Deckel stehen lassen.

VARIANTE

Sie können bei der Zubereitung des Gelees auch den Sekt bzw. Grapefruitsaft durch 250 ml Ananassaft ersetzen. Geben Sie dann am Ende der Kochzeit 1–2 EL weißen Rum hinzu. Oder Sie nehmen stattdessen 250 ml frischen Orangensaft und geben, ebenfalls am Ende der Kochzeit, 1–2 EL Orangenlikör hinzu.

HINWEIS

Auf die gleiche Weise können Sie auch Weingelee herstellen. Nehmen Sie hierfür einen trockenen Roten oder Weißen. Allerdings sollten Sie bedenken, dass das Besondere des Weins sein Bouquet ist. Dieses zeichnet sich durch eine hohe Aromastoffkonzentration aus, die vor allem über den Geruch und nicht etwa über die Zunge wahrgenommen wird. Das jeweils einzigartige Bouquet eines Weins findet sich im fertigen Gelee jedoch so nicht mehr wieder. Passionierte Weinkenner und Liebhaber werden daher ihren Wein lieber trinken als „essen".

TIPP

Wenn Sie diese Geleevarianten mögen, könnte Ihnen auch schmecken:

APFELGELEE PUR UND KREATIV (S. 114)
CAMPARI-BLUTORANGE (S. 136)
GRAPEFRUIT MIT TEQUILA (S. 130)

ÄBBELWOI-MEERRETTICH

Für ca. 6–7 Gläser à 200 ml

ZUBEREITUNG ca. 45 Minuten
HALTBARKEIT etwa 12 Monate

EIGENSCHAFTEN
Sattes Gelb fruchtig-pikant, cremige Konsistenz

ZUTATEN
150 g Äpfel
300 g Aprikosen
100 g Meerrettich
(frisch oder aus dem Glas)
Saft von 1 Zitrone
1 Flasche qualitativ hochwertiger Apfelwein
650 g Gelierzucker 2:1

AUSSERDEM BRAUCHEN SIE
7 Gläser mit Schraubverschluss
(sauber vorbereitet, siehe S. 20)
1 großen Topf von mind. 4,
besser 5 Litern Inhalt
1 Pürierstab
1 großen Holzkochlöffel

TIPP

Wenn Sie Äbbelwoi-Meerrettich mögen, könnte Ihnen auch schmecken:

ERDBEERE MIT MEERRETTICH (S. 57)
KIRSCHRAGOUT MIT PORTWEIN UND ESTRAGON (S. 89)
HIMBEERE MIT PAPRIKA UND CHILI (S. 171)

VORBEREITUNG

Die Äpfel waschen, schälen und das Kerngehäuse entfernen. Die Aprikosen ebenfalls waschen und entsteinen, beides klein schneiden. 200 g Aprikosen- und 100 g Apfelmasse in eine hohe Schüssel geben. Pürieren Sie diese zusammen mit dem Meerrettich und dem Zitronensaft zu einem Fruchtmus. Geben Sie nun alle übrigen Zutaten in einen Topf, wobei Sie ein halbes Glas Apfelwein zurückbehalten.

ZUBEREITUNG

Bringen Sie die Masse unter Rühren zum Kochen. Alles 4 Minuten sprudelnd kochen lassen, dabei häufig rühren und am Ende der Kochzeit den restlichen Apfelwein unter Rühren hinzugeben. Die Gelierprobe durchführen (siehe S. 19) und das Kochgut eventuell abschäumen. Anschließend in vorbereitete Gläser füllen. Verschließen Sie diese mit einem Deckel und lassen Sie sie 5–10 Minuten umgekehrt auf dem Kopf stehen.

HINWEIS

Hier dient die nachträgliche Zugabe des restlichen Apfelweins dazu, das Aroma noch einmal zu erhöhen.

HINWEIS

Wenn Sie mit frischem Meerrettich arbeiten möchten: Die Saison von Meerrettich reicht von September bis Februar. Achten Sie beim Kauf darauf, dass das Fleisch weiß ist und die Meerrettichstange keine verletzten Stellen und bräunliche Verfärbungen aufweist, die auf eine schlechte Lagerung hindeuten. An beschädigten Stellen kann sich außerdem Schimmel bilden. Waschen Sie den Meerrettich gründlich, bürsten Sie ihn eventuell ab. Befreien Sie ihn anschließend mit einem Sparschäler sorgfältig von seiner Schale. Raspeln Sie ihn dann und verarbeiten Sie den Meerrettich sofort, da das Fruchtfleisch sehr schnell braun wird. Dagegen hilft Zitronensaft, der allerdings den Geschmack beeinträchtigt. Nehmen Sie also nicht zu viel davon.

HELLES GLÜHWEINGELEE AUS APFELWEIN

Für ca. 6–7 Gläser à 200 ml

ZUBEREITUNG ca. 45 Minuten
HALTBARKEIT etwa 12 Monate

ZUTATEN
1 unbehandelte Orange
8 Gewürznelken
4 Sternanis
4 Zimtstangen
4 Pimentkörner
1 Msp. Kardamom
1 kleines Stück Bio-Ingwer (ca. 2 cm)
500 ml qualitativ hochwertiger Apfelwein
500 g Gelierzucker 2:1
250 ml frisch gepresster Orangensaft
Saft von 1 Zitrone
1–2 EL Rum

AUSSERDEM BRAUCHEN SIE
7 Gläser mit Schraubverschluss (sauber vorbereitet, siehe S. 20)
1 großen Topf von mind. 4, besser 5 Litern Inhalt
1 großen Holzkochlöffel

VORBEREITUNG

Die Orange waschen, trocken reiben und die äußere Schale dünn abschälen. Es sollte nichts Weißes daran sein, denn das macht das Gelee bitter. Die Schale zusammen mit den übrigen Gewürzen und dem Wein in einen Topf geben, vorsichtig erhitzen und 2 Stunden zugedeckt ziehen lassen. Anschließend die Gewürze herausnehmen. Den Zucker sowie den Orangen- und Zitronensaft hinzugeben.

ZUBEREITUNG

Bringen Sie die Mischung unter Rühren zum Kochen. Alles 4 Minuten sprudelnd kochen lassen, dabei ständig weiterrühren. Kurz vor Ende der Kochzeit den Rum zugeben. Die Gelierprobe durchführen (siehe S. 19). Eventuell am Ende der Kochzeit das Kochgut abschäumen. Die Masse anschließend in die vorbereiteten Gläser füllen, diese gut verschließen und 5–10 Minuten umgekehrt auf dem Deckel stehen lassen.

ANREGUNG

Sie können einige der Gewürze (etwa die Zimtstange und den Sternanis), die Sie nach der Ruhezeit entnommen haben, vor dem Abfüllen der heißen Flüssigkeit in die Gläser auf diese verteilen. Das sieht sehr dekorativ aus.

VARIANTE

Wenn Sie dunkles Glühweingelee herstellen wollen, ersetzen Sie den Apfelwein durch einen trockenen Rotwein.

HINWEIS

Natürlich ist dieses Rezept auch ein hervorragender Zubereitungsvorschlag für Glühwein. Dabei lassen Sie die Zugabe von Gelierzucker weg, erhitzen die Menge nach der zweistündigen Ziehzeit erneut und gießen alles durch ein Sieb ab. Nach Belieben mit 1–3 EL Zucker süßen.

TIPP

Wenn Sie Glühweingelee mögen, könnte Ihnen auch schmecken:

WINTERLICHE ERDBEERE (S. 55)
ROTWEINPFLAUME MIT ZIMT – WINZERFRÜHSTÜCK (S. 95)
BRATAPFEL (S. 110)

APFELWEINGELEE

Für ca. 6–7 Gläser à 200 ml

ZUBEREITUNG ca. 45 Minuten
HALTBARKEIT etwa 12 Monate

EIGENSCHAFTEN
Helles Gelb, besonders fruchtig, festere Konsistenz

ZUTATEN
1 Flasche qualitativ hochwertiger Apfelwein
500 g Gelierzucker 2:1
Saft von 1 Zitrone (ohne Fruchtfleisch, dafür den Saft durch ein kleines Sieb gießen, so bleibt das Gelee klar)

AUSSERDEM BRAUCHEN SIE
7 Gläser mit Schraubverschluss (sauber vorbereitet, siehe S. 20)
1 großen Topf von mind. 4, besser 5 Litern Inhalt
1 großen Holzkochlöffel

TIPP

Wenn Sie Apfelweingelee mögen, könnte Ihnen auch schmecken:

APFELGELEE PUR UND KREATIV (S. 114)
ROSENBLÜTENGELEE (S. 165)
KRÄUTERGELEES AUF APFELBASIS (S. 166)

VORBEREITUNG

Geben Sie den kalten Wein zusammen mit dem Zucker und dem Zitronensaft in einen Topf.

ZUBEREITUNG

Bringen Sie die Masse unter Rühren zum Kochen. Alles 4 Minuten sprudelnd kochen lassen, dabei ständig weiterrühren. Die Gelierprobe durchführen (siehe S. 19) und eventuell am Ende der Kochzeit das Kochgut abschäumen. Die Masse anschließend in die vorbereiteten Gläser füllen, diese verschließen und 5–10 Minuten umgekehrt auf dem Deckel stehen lassen.

HINWEIS

Achten Sie bei diesem Gelee unbedingt auf die Einhaltung der Kochzeit, denn das Aroma von Apfelwein kann beim Kochen schnell verfliegen.

VARIANTEN

Geben Sie kleine Würfel von 1–2 Chilischoten oder 1 Zimtstange (bzw. 1–2 TL Zimt) zum Kochgut. Hübsch sehen auch 1–2 EL Rosa Beeren aus, woraufhin das Gelee hervorragend zu Salat, Käse oder als Dip zu Raclette und Fondue passt. Das Mitkochen einer Vanilleschote macht das Gelee „weicher". Und wenn Sie gern mit Kräutern arbeiten, geben Sie 1–2 Minzeblättchen in die vorbereiteten Gläser. Rosinen hingegen sind nicht geeignet, da sie das feine Aroma zu sehr abdecken und das Gelee somit nicht mehr nach Apfelwein schmeckt.

VARIANTEN MIT ALKOHOL

Toll schmeckt dieses Gelee, wenn Sie es am Ende der Kochzeit mit 1–2 EL Calvados abrunden. In der kalten Jahreszeit können Sie neben dem Calvados auch 1 EL Honig und etwas Zimt zugeben. Ebenfalls lecker sind 1–2 EL Rum, Wodka, Orangenlikör oder Aprikosenbrandy. Achten Sie in jedem Fall darauf, dass der Alkohol, den Sie zugeben, hell ist und somit die Farbe des Gelees nicht zu sehr verändert.

QUITTENMUS

Für ca. 6–7 Gläser à 200 ml

ZUBEREITUNG ca. 45 Minuten
Ruhezeit mind. 2 Stunden
Haltbarkeit etwa 12 Monate

ZUTATEN
1,2 kg Quitten
500 g Gelierzucker 1:1
Saft von 1 Zitrone

AUSSERDEM BRAUCHEN SIE
7 Gläser mit Schraubverschluss (sauber vorbereitet, siehe S. 20)
1 großen Topf von mind. 4, besser 5 Litern Inhalt
1 Pürierstab
1 großen Holzkochlöffel

TIPP

Wenn Sie Quittenmus mögen, könnte Ihnen auch schmecken:

BEERENTÖPFCHEN AUS HOLUNDERBEEREN (S. 73)
PFLAUMENMUS (S. 94)
APFEL- ODER BIRNENAUFSTRICH (S. 107)

VORBEREITUNG

Quitten sind von sehr fester Konsistenz, somit ist die Vorbereitung recht aufwendig. Umso mehr entschädigt Sie aber das abschließende Ergebnis. Die Schale der Quitte hat einen hohen Pektingehalt, von daher sollten Sie diese mitverarbeiten. Das Obst mit einem Tuch abreiben, um den Flaum zu entfernen. Nun die Quitten vierteln, das Kerngehäuse entfernen und in einen kleinen Topf geben. Die Frucht an sich grob würfeln, in einen großen Topf geben und mit dem Zucker 2 Stunden ziehen lassen. In der Zwischenzeit die Kerngehäuse mit 200 ml Wasser bedecken und etwa 15 Minuten im geschlossenen Topf auskochen. Anschließend die Flüssigkeit durch ein Sieb zu den Quittenwürfeln geben.

ZUBEREITUNG

Nach der Ruhezeit den Zitronensaft zum Quitten-Zucker-Gemisch geben und aufkochen. Einige Minuten unter Rühren kochen lassen, dann die Masse gut durchpürieren. Erneut für einige Minuten kochen lassen, dabei ständig weiterrühren. Die Gelierprobe durchführen (siehe S. 19). Das Kochgut in die vorbereiteten Gläser randvoll füllen. Diese auf den Deckel stellen und für 10 Minuten auskühlen lassen.

HINWEIS

Dieses Mus passt hervorragend zu Desserts und zu Vanilleeis.

QUITTENGELEE

Für ca. 6–7 Gläser à 200 ml

ZUBEREITUNG ca. 90 Minuten
HALTBARKEIT etwa 12 Monate

EIGENSCHAFTEN
Goldgelbe Farbe, hocharomatisch und festere Konsistenz

ZUTATEN
1,3 kg Quitten
750 ml Wasser, Apfelsaft oder beides jeweils zur Hälfte
Saft von 1 großen Zitrone
500 g Gelierzucker 2:1

TIPP

Wenn Sie Quittengelee mögen, könnte Ihnen auch schmecken:

BEERENGELEE AUS HOLUNDERBEEREN (S. 59)
APFELGELEE PUR UND KREATIV (S. 114)
QUITTENMUS (S. 120)

VORBEREITUNG

Wenn Sie frische Quitten verarbeiten, reiben Sie diese gründlich mit einem sauberen Küchentuch ab. Vierteln Sie dann die Quitten, entfernen Sie das Kerngehäuse und würfeln Sie die Früchte grob. Die Würfel in einen Topf geben, mit Wasser, Apfelsaft oder beidem sowie dem Zitronensaft mischen und bei geringer Hitze weich kochen lassen, was bis zu 40–60 Minuten dauern kann. Passieren Sie anschließend die Masse durch ein Sieb in eine große Schüssel, wobei sich das Obst gut mithilfe eines Löffels ausstreichen lässt. Den Quittensaft, ca. 900 ml, abkühlen lassen, in einen großen Topf geben und mit dem Zucker mischen.

ZUBEREITUNG

Alles unter ständigem Rühren zum Kochen bringen, bis die Masse zu wallen oder zu sprudeln beginnt. Weitere 4 Minuten kochen, dabei ständig weiterrühren. Anschließend die Gelierprobe durchführen (siehe S. 19). Das Kochgut eventuell abschäumen und noch heiß in die vorbereiteten Gläser füllen. Diese mit dem Deckel fest verschrauben und umgekehrt 5–10 Minuten auskühlen lassen.

HINWEIS

Dieses Gelee schmeckt auch toll zu Buttergebäck.

VARIANTEN

Sie können das Gelee ganz leicht verfeinern, indem Sie etwas frischen Ingwer schälen bzw. waschen, fein reiben und von Anfang an mitkochen. Etwas Zitronenmelisse oder auch die fein abgeriebene Schale von 1 unbehandelten Orange geben ihm eine eher frische Note. Etwas Calvados, Orangenlikör oder auch Rum verleihen dem Gelee hingegen Wärme, wobei jeweils 2 EL ausreichen, die Sie am Ende der Kochzeit hinzugeben. Cassislikör ist auch eine vorzügliche Alternative, allerdings büßt das Gelee dadurch seine schöne goldgelbe Farbe ein und wird dunkel. Sie können auch 200 ml des Quittensaftes durch einen trockenen Weißwein ersetzen, wodurch das Gelee gehaltvoller wird. Sollten Sie beim Auskochen der Quitten keinen Apfelsaft verwendet haben, können Sie statt der angegebenen Menge Quittensaft die Hälfte durch Apfelsaft ersetzten.

RHABA

RBER

RHABARBER PUR

Grundrezept

Für ca. 8 Gläser à 250 ml

ZUBEREITUNG ca. 30 Minuten
HALTBARKEIT etwa 9 Monate

ZUTATEN
1,25 kg Rhabarber
(geputzt ca. 1,1 kg)
1 kg Gelierzucker 1:1
Saft von 1 Zitrone
1 kleines Stück Bio-Ingwer
(ca. 2 cm)
Grenadine-Sirup für die Farbe,
nach Belieben

AUSSERDEM BRAUCHEN SIE
8 Gläser mit Schraubverschluss
(sauber vorbereitet, siehe S. 20)
1 großen Topf von mind. 4,
besser 5 Litern Inhalt
1 Pürierstab
1 großen Holzkochlöffel

TIPP

Wenn Sie diesen Aufstrich mögen, könnte Ihnen auch schmecken:

APFEL- ODER BIRNENAUFSTRICH (S. 107)
QUITTENMUS (S. 120)
CAMPARI-BLUTORANGE (S. 136)

VORBEREITUNG

Den Rhabarber putzen, waschen, schälen und in kleine Stücke schneiden. Diese gleich im Anschluss kurz in kochendem Wasser blanchieren, in kaltem Wasser abschrecken und gut abtropfen lassen. Zusammen mit dem Zucker und dem Zitronensaft gut pürieren. Den Ingwer je nach Geschmack schälen oder waschen und in sehr kleine Würfel schneiden oder mit der Fruchtmischung pürieren. Wenn Sie gern stückigen Aufstrich mögen, schneiden Sie die Hälfte des Rhabarbers in ca. 3–4 cm große Stücke und geben Sie diese nach dem Pürieren zur Obst-Zucker-Masse.

ZUBEREITUNG

Alle Zutaten unter Rühren zum Kochen bringen, bis die Masse zu sprudeln beginnt. Weitere 3–4 Minuten sprudelnd kochen, dabei ständig weiterrühren. Dann den Topf von der Kochstelle nehmen. Die Gelierprobe durchführen (siehe S. 19). Das Kochgut eventuell abschäumen und die vorbereiteten Gläser randvoll damit befüllen. Jeweils mit einem Schraubdeckel verschließen, umdrehen und ca. 5–10 Minuten auf dem Deckel stehen lassen.

HINWEIS

Rhabarber enthält sehr viel Oxalsäure, die vor allem in der Schale enthalten ist. Grüner Rhabarber enthält mehr Säure als der rote und der späte wiederum mehr als der junge Rhabarber. Oxalsäure greift den Zahnschmelz an und verbindet sich mit Calcium nach der Nahrungsaufnahme oder mit dem Blutcalcium zu Calciumoxalat. Essen Sie Rhabarber nicht roh. Oxalsäure beeinträchtigt auch den Geliervorgang, daher sollten die Stängel zum großen Teil geschält werden. Verringern Sie den Säuregehalt, indem Sie den Rhabarber kurz blanchieren oder bis zu 10 Minuten dünsten. Das Kochwasser unbedingt wegschütten. Und kochen Sie Rhabarber nur in Edelstahl- oder Emailletöpfen. Rhabarberaufstrich wird meist schnell grau. Ein guter Schuss Grenadine-Sirup beugt dem vor und erhält die schöne rote Farbe. Stattdessen können Sie auch Kirsch-, Himbeer- oder Johannissaft nehmen. Achten Sie auch darauf, dass Ihr Rhabarberaufstrich kühl und vor allem dunkel gelagert ist. Das trägt ebenfalls zum Farberhalt bei.

VARIANTEN

Sie können bis zu 100 g Ingwer verwenden, denn er passt sehr gut zu Rhabarber. Sie können ihn auch mit 1 EL Zimt sowie 100 g gehackten Walnüssen kombinieren. Eine warme Note erhält der Rhabarber durch die Zugabe von 100 g Honig und Zesten einer unbehandelten Orange.

RHABARBER KREATIV

☺

Für 8 Gläser à 250 ml

ZUBEREITUNG ca. 40 Minuten
HALTBARKEIT etwa 12 Monate

ZUTATEN
300 g geputzter Rhabarber
(ca. 3 Stangen)
800 g geputztes Obst Ihrer Wahl
bis zu 1 kg Gelierzucker 1:1
Saft von 1–2 Zitronen

TIPP

Wenn Sie die kreativen Rhabarberaufstrich-Varianten mögen, könnte Ihnen auch schmecken:

APFEL- ODER BIRNENAUFSTRICH (S. 107)
FRUCHTIGE ORANGE (S. 131)
CAMPARI-BLUTORANGE (S. 136)

Wegen seines hohen Pektingehalts lässt sich Rhabarber prima mit Obstsorten kombinieren, die weniger gut gelieren. Wenn er nicht vorschmecken soll, nehmen Sie lediglich ein Viertel der Gesamtfruchtmasse an Rhabarber. Die nachfolgenden Kombinationen schmecken ausgesprochen lecker.

EMPFEHLUNG

Empfehlenswert zu jeweils 300 g Rhabarber sind:
800 g Kiwis
800 g Erdbeeren
800 g Himbeeren (und nach Belieben 100 ml Eierlikör)
800 g Süßkirschen
400 g Schwarze Johannisbeeren und 400 g Bananen

VOR- UND ZUBEREITUNG

Das Obst jeweils mit 1 kg Gelierzucker 1:1 sowie dem Saft von 1–2 Zitronen verkochen. Gehen Sie bei der weiteren Vor- und Zubereitung vor, wie im Grundrezept beschrieben (siehe S. 125).

ALTERNATIVE

Alternativ passen zu 500 g Rhabarber auch:
500 g Bananen
500 g Äpfel (sowie nach Belieben 100 g gehackte Walnusskerne)
500 g Stachelbeeren
500 g Blutorangen

VOR- UND ZUBEREITUNG

Das Obst jeweils mit 500 g Gelierzucker 1:1 sowie dem Saft von 2 Zitronen verkochen. Gehen Sie bei der weiteren Vor- und Zubereitung vor, wie im Grundrezept beschrieben (siehe S. 125).

RHABARBER MIT PORTWEINFEIGEN

Für ca. 8 Gläser à 200 ml

ZUBEREITUNG ca. 1 Stunde
HALTBARKEIT etwa 12 Monate

EIGENSCHAFTEN
Musartige Konsistenz, fruchtiges, warmes Aroma

ZUTATEN
250 g getrocknete Feigen
250 ml Portwein
900 g Rhabarber
(geputzt ca. 750 g)
1 kg Gelierzucker 1:1
Saft von 1 Zitrone
Abrieb von 1 unbehandelten Orange

VORBEREITUNG

Die Feigen klein schneiden und über Nacht im Portwein einweichen. Am nächsten Tag durch ein Sieb abgießen, den Portwein dabei auffangen und zur Seite stellen. Den Rhabarber wie im Grundrezept beschrieben vorbereiten (siehe S. 125). Die Feigen zum Rhabarber geben und alles pürieren. Den Orangenabrieb zur Rhabarber-Feigen-Masse geben.

ZUBEREITUNG

Alle Zutaten unter Rühren zum Kochen bringen, bis die Masse zu sprudeln beginnt. Weitere 3–4 Minuten sprudelnd kochen, dabei ständig weiterrühren. Den Portwein zum Kochgut geben und den Topf von der Kochstelle nehmen. Die Gelierprobe durchführen (siehe S. 19). Das Kochgut eventuell abschäumen und die vorbereiteten Gläser randvoll damit befüllen. Diese mit Schraubdeckeln verschließen, umdrehen und etwa 5–10 Minuten auf dem Deckel stehen lassen.

VARIANTE

Eine weihnachtliche Alternative lässt sich durch die Zugabe von 1–2 TL Zimt und 100 g Walnusskerne herstellen.

TIPP

Wenn Sie diesen Aufstrich mögen, könnte Ihnen auch schmecken:

KIRSCHE MIT ROTWEIN UND HONIG (S. 87)
ZWETSCHGE MIT KARAMELLISIERTEN WALNÜSSEN (S. 96)
BRATAPFEL (S. 110)

ZITRUSF

RÜCHTE

GRAPEFRUIT MIT TEQUILA

Für ca. 8 Gläser à 250 ml

ZUBEREITUNG ca. 45 Minuten
HALTBARKEIT etwa 9 Monate

EIGENSCHAFTEN
Sehr erfrischendes Aroma, schöne Konsistenz und eine leuchtende Farbe

ZUTATEN
1 kg unbehandelte Grapefruits
300 ml Grapefruitsaft
750 g Gelierzucker 2:1
Saft von 1 großen Zitrone
50 ml Tequila, nach Belieben auch mehr

TIPP

Wenn Sie Grapefruit mit Tequila mögen, könnte Ihnen auch schmecken:

ORANGE PUR (S. 34)
CAMPARI-BLUTORANGE (S. 136)
KRÄUTERGELEES AUF APFELBASIS (S. 166)

VORBEREITUNG
Bereiten Sie alles nach dem Grundrezept „Orange pur" vor (siehe S. 34).

ZUBEREITUNG
Verfahren Sie, wie im Grundrezept beschrieben. Geben Sie am Ende der Kochzeit den Tequila hinzu.

ANREGUNG
Dieser sehr kräftig-herbe Aufstrich schmeckt auch toll zu Herzhaftem, reifem Käse oder zu Grillfleisch und ist ein guter Geschmacksträger für Saucen aller Art. Weniger herb wird der Aufstrich, wenn Sie die Früchte ohne Schale verkochen. Dafür ca. 1,3 kg Grapefruits sauber schälen, dabei die weißen Trennhäute und Kerne entfernen, anschließend pürieren und mit Gelierzucker 2:1 verkochen. Geben Sie nach Belieben frische Minzeblätter hinzu.

FRUCHTIGE ORANGE

Für ca. 6–7 Gläser à 250 ml

ZUBEREITUNG ca. 45 Minuten
RUHEZEIT mind. 8 Stunden
HALTBARKEIT etwa 9 Monate

EIGENSCHAFTEN
Vollfruchtiges, freundliches Aroma, schmeckt auch „Orangenmuffeln"

ZUTATEN
1,5 kg unbehandelte Orangen (geschält ca. 1 kg)
1 kg Gelierzucker 1:1
Saft von 1 großen Zitrone
Schale von 1 unbehandelten Orange

AUSSERDEM BRAUCHEN SIE
7 Gläser mit Schraubverschluss (sauber vorbereitet, siehe S. 20)
1 großen Topf von mind. 4, besser 5 Litern Inhalt
1 Pürierstab
1 großen Holzkochlöffel

TIPP

Wenn Sie Fruchtige Orange mögen, könnte Ihnen auch schmecken:

APRIKOSE PUR (S. 98)
CAMPARI-BLUTORANGE (S. 136)
ORANGENGELEE MIT ORANGENLIKÖR (S. 140)

VORBEREITUNG

Die Orangen sorgfältig schälen, dabei die weißen Trennhäute und Kerne entfernen. Den Saft auffangen und das Fruchtfleisch grob zerkleinern.

ZUBEREITUNG

Pürieren Sie das Fruchtfleisch gut durch, geben Sie den Zucker, den Zitronensaft und die abgeriebene Orangenschale hinzu. Alles unter ständigem Rühren zum Kochen bringen, bis die Masse zu wallen oder zu sprudeln beginnt. Weitere 4 Minuten kochen, dabei ständig weiterrühren. Die Gelierprobe durchführen (siehe S. 19). Das Kochgut eventuell abschäumen und die noch heiße Masse in die vorbereiteten Gläser füllen. Den Deckel fest verschrauben und die Gläser umgekehrt 5–10 Minuten auskühlen lassen.

VARIANTEN

Dieser Aufstrich lässt sich toll variieren, indem Sie einen Teil des Fruchtfleischs nach Belieben durch zum Beispiel 500 g geputzte Mangos, Ananas, Mandarinen, Grapefruits, Aprikosen oder Pfirsiche ersetzen. Sie können ihn auch herzhaft mit einer Chilischote oder 1–2 EL Thymianblättchen oder zum Teil zerstoßenen, getrockneten grünen oder schwarzen Pfefferkörnern zubereiten. Oder aber einen Teil des Fruchtfleischs durch eine unbehandelte, ungeschälte Orange, die Sie zuvor in etwas Orangensaft weich gekocht haben, ersetzen. So haben Sie einen sehr leckeren Aufstrich, der nicht zu süß, aber auch nicht bitter ist.

MANDARINE

Für ca. 6–7 Gläser à 200 ml

ZUBEREITUNG ca. 45 Minuten
HALTBARKEIT etwa 12 Monate

EIGENSCHAFTEN
Sehr fruchtig, wunderschöne, beständige Farbe, zarte Konsistenz

ZUTATEN
1 kg unbehandelte Mandarinen
Saft von 1 großen Zitrone
500 g Gelierzucker 2:1

VORBEREITUNG

Bereiten Sie alles nach dem Grundrezept „Orange pur" vor (siehe S. 34).

ZUBEREITUNG

Verfahren Sie, wie im Grundrezept beschrieben.

VARIANTEN

Sie können den Mandarinenaufstrich auch ohne Schale kochen. Dafür 1 kg sorgfältig geschältes, entkerntes und von den weißen Trennhäutchen befreites Fruchtfleisch mit 500 g Gelierzucker 2:1 und dem Saft von 1 Zitrone mischen und wie beschrieben zubereiten. Allerdings ist das Aroma dieses Mandarinenaufstrichs eher dezent. Verfeinern Sie es nach Belieben mit 300 ml Granatapfelsaft (für 700 g Mandarinenfruchtfleisch) oder ca. 50 g Mandeln und 2–3 EL Mandellikör. Sie können durch die Zugabe von 1 Chilischote oder 2–3 EL zum Teil zerstoßenen getrockneten Pfefferkörnern einen pikanteren Aufstrich herstellen.

TIPP

Wenn Sie Mandarine mögen, könnte Ihnen auch schmecken:

APRIKOSE- ODER PFIRSICH (S. 98)
APFELGELEE PUR UND KREATIV (S. 114)
FRUCHTIGE ORANGE (S. 131)

ORANGE MIT INGWER

Für ca. 8 Gläser à 250 ml

ZUBEREITUNG ca. 45 Minuten
HALTBARKEIT etwa 9 Monate

ZUTATEN
1,5 kg unbehandelte Orangen
500 ml frisch gepresster Orangensaft
Saft von 1 ½ Zitronen
1 kg Gelierzucker 2:1
500 g Bio-Ingwer

VORBEREITUNG

Die Orangen wie im Grundrezept „Orange pur" beschrieben vorbereiten (siehe S. 34). Den Ingwer nach Belieben schälen oder gut waschen und in kleine Würfelchen oder Streifen schneiden.

ZUBEREITUNG

Den Ingwer zur Orangenmasse geben und wie im Grundrezept beschrieben zubereiten.

ANREGUNG

Diesen Aufstrich können Sie mit kaltem Mineralwasser aufgießen und erhalten so ein erfrischendes Getränk. Ebenso können Sie 1 TL davon in Ihren Tee geben. Besonders gut eignet er sich auch zum Würzen asiatischer Speisen sowie zu Raclette und Fondue.

TIPP

Wenn Sie Orange mit Ingwer mögen, könnte Ihnen auch schmecken:

ERDBEERE MIT INGWER UND GRÜNEM PFEFFER (S. 52)
DREI FRÜCHTE – ENGLISCHE ART (S. 139)
TOMATE-LIMETTE MIT INGWER (S. 169)

ORANGE MIT HOKKAIDO-KÜRBIS

Für ca. 9–10 Gläser à 250 ml

ZUBEREITUNG ca. 45 Minuten
HALTBARKEIT etwa 9 Monate

EIGENSCHAFTEN
Vollfruchtiges, leicht pikantes Aroma, tolle Farbe

ZUTATEN
1 kg Hokkaido
1,2 kg unbehandelte Orangen oder Blutorangen
ca. 1 l frisch gepresster Orangensaft, nach Bedarf
1 großes Stück Ingwer (ca. 3 cm)
1 kg Gelierzucker 1:1
Saft von 3 großen Zitronen
1–2 Chilischoten, nach Belieben

AUSSERDEM BRAUCHEN SIE
10 Gläser mit Schraubverschluss (sauber vorbereitet, siehe S. 20)
1 großen Topf von mind. 4, besser 5 Litern Inhalt
1 Pürierstab
1 großen Holzkochlöffel

VORBEREITUNG

Den Kürbis schälen, die Kerne entfernen und das Fruchtfleisch würfeln. Die Orangen gründlich unter Wasser abbürsten und trocken reiben. Die Hälfte der Orangen samt Schale klein schneiden, die Kerne erntfernen. Die andere Hälfte sorgfältig schälen, dabei die weißen Trennhäute und Kerne entfernen. Den Saft dabei auffangen und das Fruchtfleisch grob zerkleinern. Alles in einen großen Topf geben, so viel Orangensaft hinzugeben, dass die Masse bedeckt ist, und leise köcheln lassen, bis die Orangen und der Kürbis weich sind. Das kann bis zu 1 Stunde dauern.

ZUBEREITUNG

Den Ingwer schälen und fein reiben. Pürieren Sie das Fruchtfleisch gut durch, geben Sie den Zucker, den Zitronensaft, den geriebenen Ingwer sowie die zerkleinerten Chilis hinzu. Alles unter ständigem Rühren zum Kochen bringen, bis die Masse zu wallen oder zu sprudeln beginnt. Weitere 4 Minuten kochen, dabei ständig weiterrühren. Die Gelierprobe durchführen (siehe S. 19). Das Kochgut eventuell abschäumen und die Masse noch heiß in die vorbereiteten Gläser füllen. Den Deckel fest verschrauben und die Gläser umgekehrt 5–10 Minuten auskühlen lassen.

HINWEIS

Dieser Aufstrich schmeckt toll zu Käsefondue und Raclette.

TIPP

Wenn Sie Orange mit Hokkaido mögen, könnte Ihnen auch schmecken:

ERDBEERE MIT INGWER UND GRÜNEM PFEFFER (S. 52)
APFELAUFSTRICH MIT ORANGEN UND MARZIPAN (S. 109)
HIMBEERE MIT PAPRIKA UND CHILI (S. 171)

CAMPARI-BLUTORANGE

Für ca. 8 Gläser à 250 ml

ZUBEREITUNG ca. 45 Minuten
HALTBARKEIT etwa 12 Monate

EIGENSCHAFTEN
Sehr fruchtig, leicht feinherb, tolle Farbe und Konsistenz

ZUTATEN
2 kg Blutorangen
(geschält ca. 1,5 kg)
750 g Gelierzucker 2:1
Saft von 1 großen Zitrone
200 ml Campari

AUSSERDEM BRAUCHEN SIE
8 Gläser mit Schraubverschluss
(sauber vorbereitet, siehe S. 20)
1 großen Topf von mind. 4, besser 5 Litern Inhalt
1 Pürierstab
1 großen Holzkochlöffel

VORBEREITUNG

Die Blutorangen sorgfältig schälen. Die Schale, die weißen Trennhäute sowie die Kerne vollständig entfernen.

ZUBEREITUNG

Pürieren Sie die Orangenfilets gut durch. Geben Sie den Zucker und den Zitronensaft hinzu, und bringen Sie alles unter Rühren zum Kochen. Sobald die Masse anfängt sprudelnd zu kochen, ca. 4 Minuten weiterkochen, dabei ständig weiterrühren. Die Gelierprobe durchführen (siehe S. 19). Das Kochgut eventuell abschäumen. Geben Sie nun den Campari hinzu, und füllen Sie die noch heiße Masse in die vorbereiteten Gläser. Diese fest verschrauben und ca. 5–10 Minuten auf dem Kopf auskühlen lassen.

ANREGUNG

Dieser Aufstrich schmeckt auch toll zu Gebäck. Falls Blutorangen nicht verfügbar sind, können Sie mit frisch gepresstem Blutorangensaft aus dem Kühlregal ein Gelee herstellen, das ganz ähnlich schmeckt. Nehmen Sie dafür 700 ml Saft, 50 ml Campari, den Saft von 1 Zitrone und 500 g Gelierzucker 2:1 und gehen vor, wie im Kapitel „Gelee" beschrieben (siehe S. 19).

TIPP

Wenn Sie die Campari-Blutorange mögen, könnte Ihnen auch schmecken:

ORANGE PUR (S. 34)
ROTE JOHANNISBEERE MIT CAMPARI (S. 76)
GRAPEFRUIT MIT TEQUILA (S. 130)

DREI FRÜCHTE – ENGLISCHE ART

Für ca. 6–7 Gläser à 200 ml

ZUBEREITUNG ca. 60 Minuten
HALTBARKEIT etwa 12 Monate

EIGENSCHAFTEN
Schöne Farbe, hocharomatisch und sehr exotisch

ZUTATEN
400 g Grapefruits (oder Pomelos)
400 g unbehandelte Orangen
200 g unbehandelte Zitronen
ca. 500 ml Orangensaft, frisch gepresst oder aus dem Kühlregal
Saft von 1 großen Zitrone
750 g Gelierzucker 2:1

AUSSERDEM BRAUCHEN SIE
7 Gläser mit Schraubverschluss (sauber vorbereitet, siehe S. 20)
1 großen Topf von mind. 4, besser 5 Litern Inhalt
1 Pürierstab
1 großen Holzkochlöffel

TIPP

Wenn Sie diesen Aufstrich mögen, könnte Ihnen auch schmecken:

ORANGE PUR (S. 34)
CAMPARI-BLUTORANGE (S. 136)
GRAPEFRUIT MIT TEQUILA (S. 130)

VORBEREITUNG

Die Grapefruits sauber schälen und die Filets aus den Trennhäuten lösen. Die Orangen und Zitronen heiß abwaschen und trocken reiben. Anschließend die Schale mit dem Zestenreißer fein abziehen und beiseitelegen. Die Früchte fein würfeln, dabei die Kerne entfernen. Das Obst in einen Topf geben, mit dem Orangensaft bedecken und zugedeckt ca. 20 Minuten weich kochen. Die Masse sollte 1,5 kg ergeben, bei Bedarf geben Sie Orangensaft hinzu. Nachdem diese abgekühlt ist, entweder zum Teil oder vollständig pürieren, mit dem Zucker und dem Zitronensaft vermischen und die Zesten hinzugeben.

ZUBEREITUNG

Alles unter ständigem Rühren zum Kochen bringen, bis die Masse zu wallen oder zu sprudeln beginnt. Weitere 4 Minuten kochen, dabei ständig weiterrühren. Die Gelierprobe durchführen (siehe S. 19). Das Kochgut eventuell abschäumen und noch heiß in die vorbereiteten Gläser füllen. Diese mit dem Deckel fest verschrauben und umgekehrt 5–10 Minuten auskühlen lassen.

VARIANTEN

In der Vorweihnachtszeit können Sie diesen Aufstrich mit 1 TL Zimt und 1 Msp. Nelkenpulver fein würzen. Statt der Orangen können Sie auch Blutorangen verwenden. Whisky wiederum passt sehr schön dazu und hebt das bittere Aroma. Ebenso sieht eine fein gewürfelte rote Chilischote sehr hübsch darin aus und verleiht dem Aufstrich eine pikante Note.

ORANGENGELEE MIT ORANGENLIKÖR

Für ca. 6–7 Gläser à 250 ml

ZUBEREITUNG ca. 45 Minuten
HALTBARKEIT etwa 9 Monate

EIGENSCHAFTEN
Vollfruchtiges Aroma, feinherb, schmeckt auch „Orangenmuffeln"

ZUTATEN
1 unbehandelte Zitrone
750 ml Orangensaft, frisch gepresst und mit Fruchtfleisch
Saft von 1 großen Zitrone
1 kg Gelierzucker 1:1
50 ml Orangenlikör

VORBEREITUNG

Die Zitrone heiß abwaschen, trocken reiben und die Schale abreiben. Den Orangen- und Zitronensaft mit der abgeriebenen Schale und dem Zucker in einen Topf geben und gut verrühren.

ZUBEREITUNG

Alles unter ständigem Rühren zum Kochen bringen, bis die Masse zu wallen oder zu sprudeln beginnt. Weitere 4 Minuten kochen, dabei ständig weiterrühren. Die Gelierprobe durchführen (siehe S. 19). Das Kochgut eventuell abschäumen und anschließend den Orangenlikör hinzugeben. Die noch heiße Masse in die vorbereiteten Gläser füllen. Den Deckel fest verschrauben und die Gläser umgekehrt 5–10 Minuten auskühlen lassen.

HINWEIS

Dieses Gelee schmeckt hervorragend zu Crêpes. Leicht erwärmt passt es auch toll zu Obstsalaten oder zu Vanilleeis.

VARIANTEN

Sie können statt des Orangenlikörs auch Whisky an das Gelee geben, der macht es herber. Außerdem können Sie vor dem Kochen 2 EL Mohnsamen hinzugeben, was toll aussieht.

TIPP

Wenn Sie Orangengelee mit Orangenlikör mögen, könnte Ihnen auch schmecken:

APRIKOSE ODER PFIRSICH FEIN KOMBINIERT (S. 102)
FRUCHTIGE ORANGE (S. 131)
CAMPARI-BLUTORANGE (S. 136)

EXOTIS

CH

BANANE PUR

Grundrezept

Für ca. 7–8 Gläser à 200 ml

ZUBEREITUNG ca. 45 Minuten
HALTBARKEIT etwa 9 Monate

EIGENSCHAFTEN
Feines Aroma, musartige Konsistenz

ZUTATEN
2 unbehandelte Zitronen
1,5 kg sehr reife Bananen (geschält ca. 1,1 kg)
600 g Gelierzucker 1:1
10–25 g Bio-Ingwer

AUSSERDEM BRAUCHEN SIE
8 Gläser mit Schraubverschluss (sauber vorbereitet, siehe S. 20)
1 großen Topf von mind. 4, besser 5 Litern Inhalt
1 Pürierstab
1 großen Holzkochlöffel

TIPP

Wenn Sie Banane pur mögen, könnte Ihnen auch schmecken:

APRIKOSEN ODER PFIRSICH MIT PISTAZIEN (S. 101)
APFEL- ODER BIRNEN-AUFSTRICH (S. 107)
RHABARBER KREATIV (S. 126)

VORBEREITUNG

Eine Zitrone heiß abwaschen, trocken reiben und die Schale von ½ Zitrone fein abreiben. Den Saft beider Zitronen auspressen. Die Bananen schälen und sofort mit dem Zitronensaft mischen, sonst wird das Fruchtfleisch braun. Den Zucker hinzugeben und alles fein pürieren. Den Ingwer je nach Belieben schälen oder waschen, in kleine Würfelchen schneiden oder fein reiben und hinzugeben.

ZUBEREITUNG

Alles vorsichtig erhitzen, dabei ständig rühren. Da so gut wie kein Saft entsteht, kann die Masse leicht anbrennen. Sobald diese anfängt zu sprudeln bzw. aufzuwallen, weitere 3 Minuten kochen. Dabei ständig weiterrühren. Die Gelierprobe durchführen (siehe S. 19). Das Kochgut eventuell abschäumen, die noch heiße Masse in die vorbereiteten Gläser füllen und sofort mit den Deckeln verschrauben, umdrehen und 5–10 Minuten auf dem Kopf stehen lassen.

HINWEIS

Für Bananenaufstrich eignet sich besonders sehr reifes Obst. Das Fruchtfleisch frisch geernteter Bananen ist hingegen zu hart und das Aroma somit nicht intensiv genug. Ein kleines Stück Ingwer – er sollte nicht vorschmecken, aber auch nicht fehlen – hebt das Aroma. Wenn Sie Ingwer mögen, können Sie nach Belieben bis zu 80 g verwenden. Statt Zitronensaft können Sie auch Limettensaft oder eine sorgfältig geschälte und entkernte Grapefruit nehmen, das macht den Aufstrich noch frischer.

VARIANTEN

Einige Safranfäden geben dem Aufstrich eine würzige Note und eine schöne Farbe. Den Safran zuvor in wenig warmem Wasser einweichen und gegen Ende der Kochzeit zur Masse geben, aber nicht zu lange kochen, denn sonst verfliegt sein feines Aroma. Etwas wärmer wird das Aroma, wenn man gegen Ende der Kochzeit 2–3 EL Rum oder Eierlikör zugibt. In der Weihnachtszeit können Sie 1 TL Zimt und ½ TL Nelkenpulver einsetzen und zur Masse 1 Tasse Rotwein geben. Das Mark von 1 Vanilleschote macht den Aufstrich weicher. 50–100 g gehackte Nusskerne oder Mandeln passen auch gut. Eine Chilischote, entkernt und in kleine Würfelchen geschnitten, gibt ihm Schärfe und sieht außerdem toll aus. Eine Tasse Orangensaft und gegen Ende der Kochzeit 2–3 EL Orangenlikör geben dem Aufstrich eine schöne Farbe und ein warmes Aroma. Grundsätzlich können Sie dem Aufstrich eine Tasse Flüssigkeit hinzugeben (Bananensaft, Apfelsaft, Wein, Sekt), dann lässt er sich leichter zubereiten. Geben Sie in diesem Fall einfach die gleiche Menge Zucker hinzu.

BANANE FRUCHTIG KOMBINIERT

☺

Für ca. 9 Gläser à 250 ml

ZUBEREITUNG ca. 45 Minuten
HALTBARKEIT etwa 12 Monate

ZUTATEN
350 g reife Bananen
800 g geputztes Obst Ihrer Wahl
1 kg Gelierzucker 1:1

Bananen eignen sich bei der Resteverwertung als Geschmacksträger. Außerdem binden sie gut, weshalb mit ihnen auch Aufstriche gelingen, die weniger gelieren.

TIPP

Wenn Sie Banane fruchtig kombiniert mögen, könnte Ihnen auch schmecken:

ERDBEERE MIT WEISSER SCHOKOLADE (S. 54)
MILCHCREME – DULCE DE LECHE (S. 159)

KOMBINATIONEN

350 g Bananen lassen sich gut kombinieren mit:

800 g Erdbeeren
800 g Himbeeren
800 g Kirschen (und nach Belieben etwas Marzipan oder gehackte Mandeln, jeweils 50–100 g, oder 2–3 EL Mandellikör)
800 g Brombeeren
800 g Johannisbeeren (Rote oder Schwarze)
800 g Mangos
800 g Aprikosen/Pfirsiche (nach Belieben zusätzlich heller Likör von Aprikose oder Pfirsich)
800 g Holunderbeeren
800 g Orangenfilets
800 g Pflaumen/Zwetschgen (und nach Belieben 50–100 g gehackte Hasel- oder Walnüsse)
800 g Rhabarber
800 g sehr saftige Birnen
600 g Äpfel und 200 ml Apfelsaft
800 g Kürbis (z.B. Hokkaido)
800 g Ananas (sowie nach Belieben 1–2 EL Curry)
800 g Kiwis
800 g Cranberries

VORBEREITUNG

Bereiten Sie 350 g Bananen mit dem Obst Ihrer Wahl, wie im Grundrezept beschrieben vor (siehe S. 144).

ZUBEREITUNG

Verfahren Sie, wie im Grundrezept beschrieben.

HINWEIS

Die oben genannten Angaben sind Richtwerte. Selbstverständlich können Sie auch das umgekehrte Mengenverhältnis wählen, also 800 g Bananen und 350 g anderes Obst, oder aber auch entsprechend dem, was Sie vorrätig haben.

VARIANTE

Toll schmeckt auch die Kombination aus 750 g Bananen, dem Saft von 2 Zitronen, etwas Ingwer sowie 300 g guter, feinherber Schokoladensauce und 500 g Gelierzucker. Nach Belieben können Sie auch gegen Ende der Kochzeit etwas Birnenbrand hinzugeben.

ANANAS PUR UND KREATIV

Für ca. 6–7 Gläser à 200 ml

ZUBEREITUNG ca. 45 Minuten
HALTBARKEIT etwa 12 Monate

EIGENSCHAFTEN
Kräftiges Gelb, sehr aromatisch und exotisch

ZUTATEN
1–2 große Ananas (geputzt ca. 1 kg)
500 g Gelierzucker 2:1
Saft von 1 großen Zitrone

AUSSERDEM BRAUCHEN SIE
7 Gläser mit Schraubverschluss (sauber vorbereitet, siehe S. 20)
1 großen Topf von mind. 4, besser 5 Litern Inhalt
1 Pürierstab
1 großen Holzkochlöffel

TIPP

Wenn Sie Ananas pur und kreativ mögen, könnte Ihnen auch schmecken:

ERDBEERE EXOTISCH (S. 46)
BLAUBEERE MIT ANANAS UND RUM (S. 74)
FRUCHTIGE ORANGE (S. 131)

VORBEREITUNG

Die Ananas sauber schälen, den Strunk in der Mitte entfernen und die Hälfte des Fruchtfleisches fein würfeln. Den verbleibenden Rest grob zerteilen, mit dem Zucker und dem Zitronensaft mischen und fein pürieren. Alles in einen Topf geben.

ZUBEREITUNG

Die Masse unter ständigem Rühren zum Kochen bringen, bis diese zu wallen oder zu sprudeln beginnt. Weitere 4 Minuten kochen, dabei ständig weiterrühren. Die Gelierprobe durchführen (siehe S. 19). Das Kochgut eventuell abschäumen und noch heiß in die vorbereiteten Gläser füllen. Diese mit dem Deckel fest verschrauben und umgekehrt 5–10 Minuten auskühlen lassen.

VARIANTEN

Das Ananas können Sie fein abschmecken, indem Sie vor dem Kochen 2 fein gewürfelte rote Chilischoten zur Fruchtmasse geben und/oder 1 EL Currypulver hinzufügen. So schmeckt der Aufstrich auch toll zu Herzhaftem oder zu Reisgerichten. Statt der Chilischoten können Sie auch 1–2 EL getrocknete grüne Pfefferkörner verwenden.

Kreative Varianten des Ananasaufstrichs stellen Sie her, indem Sie eine beliebige Menge der Ananas durch folgende geputzte Früchte und Beeren ersetzen: Blaubeeren, Brombeeren, Erdbeeren, Himbeeren, Johannisbeeren, Kirschen , Mangos, Maracujas, Bananen, Grapefruits (Filets), Kiwis, Äpfel und/oder Birnen, Nektarinen, Aprikosen und/oder Pfirsiche.

Dieser Aufstrich – ob pur oder mit anderen Früchten kombiniert – lässt sich sehr gut mit dunklem Rum oder auch Whisky aromatisieren. Geben Sie ihn jeweils am Ende der Kochzeit hinzu.

FEIGE PUR

Grundrezept

Für ca. 8 Gläser à 250 ml

ZUBEREITUNG ca. 45 Minuten
RUHEZEIT 2 Stunden
HALTBARKEIT etwa 12 Monate

EIGENSCHAFTEN
Cremige Konsistenz, schöne Farbe und feines Aroma

ZUTATEN
1,3 kg frische, reife Feigen (geputzt ca. 1,1 kg)
1 kg Gelierzucker 1:1
Saft von 1 Zitrone
2–3 EL dunkler Rum oder Wodka

AUSSERDEM BRAUCHEN SIE
8 Gläser mit Schraubverschluss (sauber vorbereitet, siehe S. 20)
1 großen Topf von mind. 4, besser 5 Litern Inhalt
1 Pürierstab
1 großen Holzkochlöffel

TIPP

Wenn Sie Feige pur mögen, könnte Ihnen auch schmecken:

KIRSCHRAGOUT MIT PORTWEIN UND ESTRAGON (S. 89)
QUITTENMUS (S. 120)
KRÄUTERGELEES AUF APFELBASIS (S. 166)

VORBEREITUNG
Die Feigen waschen und trocken reiben. Die Stielansätze sorgfältig entfernen und die Früchte grob zerkleinern oder in kleine Würfel schneiden. Die Schale kann mitgegessen werden. Die Feigen mit dem Zucker mischen, den Zitronensaft zugeben und ca. 2 Stunden ziehen lassen, damit sich genügend Saft bildet. Anschließend, wenn gewünscht, gut durchpürieren.

ZUBEREITUNG
Alle Zutaten unter Rühren zum Kochen bringen, bis die Masse zu sprudeln beginnt. Weitere 3–4 Minuten sprudelnd kochen. Dabei ständig weiterrühren. Nun den Rum oder den Wodka hinzufügen. Die Gelierprobe durchführen (siehe S. 19). Das Kochgut eventuell abschäumen und sofort die vorbereiteten Gläser randvoll damit befüllen. Diese mit Schraubdeckeln verschließen, umdrehen und ca. 5 Minuten auf dem Deckel stehen lassen.

HINWEIS
Dieser Aufstrich passt sehr gut zu Herzhaftem, etwa Käse, z.B. Ziegenbrie. Toll schmeckt er auch leicht erwärmt zu Vanilleeis.

VARIANTE
Ein kleines Stück fein geriebener Ingwer (ca. 10–25 g) gibt dem Aufstrich eine feine Würze.

FEIGE KREATIV

Für ca. 8 Gläser à 200 ml

ZUBEREITUNG ca. 45 Minuten
RUHEZEIT mind. 3 Stunden
HALTBARKEIT etwa 12 Monate

FEIGE MIT FRISCHER ORANGE

ZUTATEN
1 kg frische, reife Feigen
2 geschälte Orangen
Saft von 2 Zitronen oder Limetten
500 g Gelierzucker 2:1
2–3 EL Mandellikör oder Sherry

FEIGE UND FRISCHE ORANGE FEIN GEWÜRZT

ZUTATEN
700 g Orangen (ca. 500 g Orangenfilets)
500 g frische, reife Feigen
100 ml Granatapfelsaft (oder 1 frischer Granatapfel)
1 kg Gelierzucker 1:1
4 Sternanis
4 Stangen Zimt

FRISCHE FEIGEN MIT MANDELN UND SCHOKOLADE

ZUTATEN
800 g frische, reife Feigen
250 g dunkle Schokoladensauce
500 g Gelierzucker 2:1
100 g gehackte Mandeln

KOMBINATIONEN

Nachfolgende Rezeptideen machen diesen Aufstrich zu einer äußerst leckeren Kombination.

FEIGE MIT FRISCHER ORANGE

VOR- UND ZUBEREITUNG

Gehen Sie bei der Vor- und Zubereitung wie im Grundrezept beschrieben vor (siehe S. 150). Den Likör bzw. Sherry nehmen Sie zum Ablöschen.

FEIGE UND FRISCHE ORANGE FEIN GEWÜRZT

VORBEREITUNG

Die Orangen schälen und die Filets aus den Trennhäuten lösen. Gehen Sie bei der weiteren Vorbereitung vor, wie im Grundrezept beschrieben (siehe S. 150). Pürieren Sie sämtliche Zutaten.

ZUBEREITUNG

Geben Sie die Gewürze zum Kochen hinzu und verfahren Sie, wie im Grundrezept beschrieben. Die Gewürze vor dem Abfüllen des heißen Kochguts in die vorbereiteten Gläser wieder entfernen.

FRISCHE FEIGEN MIT MANDELN UND SCHOKOLADE

VOR- UND ZUBEREITUNG

Gehen Sie bei der Vor- und Zubereitung wie im Grundrezept beschrieben vor (siehe S. 150). Die gehackten Mandeln geben Sie erst am Ende der Kochzeit hinzu.

TIPP

Wenn Sie Feige kreativ mögen, könnte Ihnen auch schmecken:

BEERENTÖPFCHEN AUS ROTEN JOHANNISBEEREN (S. 73)
RHABARBER PUR (S.125)
ORANGE MIT HOKKAIDO-KÜRBIS (S. 135)

FEIGE MIT ROTWEIN UND WALNÜSSEN

Für ca. 8 Gläser à 250 ml

ZUBEREITUNG ca. 45 Minuten
RUHEZEIT mind. 2 Stunden
HALTBARKEIT etwa 12 Monate

EIGENSCHAFTEN
Fruchtig mit warmem Charakter, schöne Konsistenz und dunkle Farbe

ZUTATEN
1 kg frische, reife Feigen (geputzt ca. 800 g)
1 kg Gelierzucker 1:1
Saft von 1 Zitrone
200 ml trockener Rotwein
100 g gehackte Walnüsse

VORBEREITUNG

Die Feigen wie im Grundrezept beschrieben vorbereiten (siehe S. 150). Anschließend den Zitronensaft und den Rotwein zugeben und, wenn gewünscht, gut durchpürieren. Nun die gehackten Walnüsse hinzugeben.

ZUBEREITUNG

Bei der Zubereitung verfahren Sie, wie im Grundrezept beschrieben.

VARIANTE

In der Weihnachtszeit ist Zimt die passende Ergänzung. Sie können beispielsweise zunächst die Hälfte der Gläser befüllen und dann 1–2 TL Zimt zur restlichen Masse in den Topf geben, diese gut umrühren, noch einmal kurz aufkochen und die restlichen Gläser befüllen. Auf diese Weise haben Sie zwei verschiedene Aufstriche mit nur einem Kochvorgang.

TIPP

Wenn Sie Feige mit Rotwein und Walnüssen mögen, könnte Ihnen auch schmecken:

WINTERLICHE ERDBEERE (S. 55)
BRATAPFEL (S. 110)
BIRNE MIT ROTWEIN (S. 112)

EXTRAVA

GANT

HAGEBUTTENMUS

Für ca. 6–7 Gläser à 200 ml

ZUBEREITUNG ca. 3 Stunden
HALTBARKEIT etwa 12 Monate

EIGENSCHAFTEN
Satte Farbe, feinherb, schöne Konsistenz

ZUTATEN
3 kg Hagebutten
Gelierzucker 2:1
(500 g pro kg Mus)
Saft von 1–2 Zitronen

AUSSERDEM BRAUCHEN SIE
7 Gläser mit Schraubverschluss
(sauber vorbereitet, siehe S. 20)
1 großen Topf von mind. 4, besser 5 Litern Inhalt
1 Pürierstab
1 großen Holzkochlöffel

VORBEREITUNG

Die Hagebutten waschen und den Stiel- sowie Blütenansatz abschneiden. In einen Topf geben und knapp mit Wasser bedeckt weich kochen, was bis zu 2 Stunden dauern kann. Die Hagebutten nun mithilfe der Flotten Lotte passieren (siehe S. 22), wodurch die Schale und die Kerne entfernt werden. Eventuell streichen Sie das Mus noch einmal durch ein feines Sieb. Nun wiegen Sie das Mus ab und geben pro kg Mus 500 g Gelierzucker 2:1 hinzu. Abschließend den Zitronensaft hinzufügen.

ZUBEREITUNG

Kochen Sie die Masse unter Rühren auf, bis sie zu sprudeln beginnt. Weitere 3–4 Minuten kochen, dabei ständig weiterrühren. Die Gelierprobe durchführen (siehe S. 19) und die Masse in die vorbereiteten Gläser füllen. Diese auf dem Deckel ca. 10 Minuten auskühlen lassen.

HINWEIS

Hagebuttenmus, auch „Hippen-Mus" genannt, passt toll zu Wildgerichten und zu deftigen Speisen. Sie können die „Ausbeute" erhöhen, indem Sie pro 1 kg Hagebuttenmus 500 g Äpfel oder Birnen mitkochen. Erhöhen Sie entsprechend die Zuckermenge und den Zitronensaft.

TIPP

Wenn Sie Hagebuttenmus mögen, könnte Ihnen auch schmecken:

BEERENTÖPFCHEN AUS HOLUNDERBEEREN (S. 73)
PFLAUMENMUS (S. 94)
QUITTENMUS (S. 120)

MILCHCREME – DULCE DE LECHE

Für ca. 3–4 Gläser à 200 ml

ZUBEREITUNG ca. 2 Stunden
HALTBARKEIT etwa 12 Monate

EIGENSCHAFTEN
Dickflüssig, karamellartige Farbe, eher süß

ZUTATEN
1 Vanilleschote
1 l frische Milch
450 g Zucker
2 EL Rum

AUSSERDEM BRAUCHEN SIE
4 Gläser mit Schraubverschluss (sauber vorbereitet, siehe S. 20)
1 großen Topf von mind. 4, besser 5 Litern Inhalt
1 großen Holzkochlöffel

TIPP

Wenn Sie die Milchcreme mögen, könnte Ihnen auch schmecken:

ERDBEERE MIT SOMMERKRÄUTERN ODER VANILLE (S. 42)
ERDBEERE MIT WEISSER SCHOKOLADE (S. 54)
BRATAPFEL (S. 110)

VORBEREITUNG

Die Vanilleschote aufschneiden und das Mark herauskratzen. Milch, Zucker und Vanillemark in einen beschichteten Topf mit dickem Boden geben.

ZUBEREITUNG

Die Mischung ca. 2 Stunden leise köcheln lassen, dabei immer wieder umrühren. Kurz vor Ablauf der 2 Stunden wird die Milch dickflüssig und bekommt eine karamellartige Farbe. Achten Sie darauf, dass sie nicht klumpt, wobei das die Qualität der Creme nicht beeinträchtigt. Nun den Rum einrühren, den Topf von der Kochstelle nehmen, die Masse in die Gläser füllen, diese mit Deckeln verschließen und umgedreht einige Zeit auskühlen lassen.

VARIANTE

Verfeinern Sie diesen Aufstrich mit gehackten, gerösteten Haselnusskernen. Geben Sie diese kurz vor Ende der Kochzeit hinzu.

HINWEIS

Die Erfindung der Milchcreme wird französischen Bauern zugeschrieben, die Teile ihrer Milch einkochten, um sie in den unwegsamen Alpen leichter transportieren zu können. Sie passt zu Eis, Crêpes und Waffeln und wird vor allem gern in der mediterranen Küche eingesetzt. Wenn Sie es süß mögen, genießen Sie sie pur auf Toast.

ESPRESSOGELEE

Für ca. 6–7 Gläser à 200 ml

ZUBEREITUNG ca. 45 Minuten
HALTBARKEIT etwa 12 Monate

EIGENSCHAFTEN
Dunkle Farbe, feinherb, festere Konsistenz

ZUTATEN
250 g Espressopulver
500 g Gelierzucker 2:1
Saft von ½ Zitrone

AUSSERDEM BRAUCHEN SIE
7 Gläser mit Schraubverschluss (sauber vorbereitet, siehe S. 20)
1 großen Topf von mind. 4, besser 5 Litern Inhalt
1 großen Holzkochlöffel

VORBEREITUNG

1,1 l Wasser aufkochen, den Espresso hineinrühren, den Topf von der Kochstelle nehmen und die Masse zugedeckt ca. 30 Minuten ziehen lassen. Anschließend den Espresso durch ein feines Sieb, eventuell mit einem Kaffeefilter ausgelegt, abgießen und 800–850 ml davon zusammen mit dem Zucker und dem Zitronensaft in einen Topf geben.

ZUBEREITUNG

Die Masse unter Rühren aufkochen und weitere 4 Minuten sprudelnd kochen lassen, dabei ständig weiterrühren. Die Gelierprobe durchführen (siehe S. 19). Das Kochgut eventuell abschäumen und randvoll in die vorbereiteten Gläser füllen. Den Deckel fest verschrauben und die Gläser 5–10 Minuten auf den Kopf stellen.

VARIANTE

Das Espressogelee können Sie mit Mandellikör oder Kirschwasser verfeinern.

TIPP

Wenn Sie Tee- bzw. Espressogelee mögen, könnte Ihnen auch schmecken:

APFELGELEE PUR UND KREATIV (S. 114)
HELLES GLÜHWEINGELEE AUS APFELWEIN (S. 118)
APFELWEINGELEE (S. 119)

TEEGELEE

Für ca. 6–7 Gläser à 200 ml

ZUBEREITUNG ca. 45 Minuten
HALTBARKEIT etwa 12 Monate

EIGENSCHAFTEN
Dunkle Farbe, feinherb, festere Konsistenz

ZUTATEN
3 EL schwarzer Tee
1 EL Kardamomsamen
1 EL Anissamen
1 unbehandelte Zitrone
500 g Gelierzucker 2:1
2 EL Rum, nach Belieben

AUSSERDEM BRAUCHEN SIE
7 Gläser mit Schraubverschluss (sauber vorbereitet, siehe S. 20)
1 großen Topf von mind. 4, besser 5 Litern Inhalt
1 großen Holzkochlöffel

VORBEREITUNG

900 ml Wasser aufkochen, den Tee damit überbrühen und 5 Minuten zugedeckt ziehen lassen. Den Tee durch ein Sieb in einen großen Topf gießen, ggf. erneut erhitzen und die Gewürze hinzugeben. Weitere 15 Minuten zugedeckt ziehen lassen, die Gewürze anschließend entfernen. Die Zitrone heiß abwaschen, trocken reiben, die Hälfte der Schale fein abreiben und die ganze Zitrone auspressen. Den Zitronensaft durch ein Sieb geben. Zitronenabrieb und -saft zusammen mit dem Zucker hinzugeben.

ZUBEREITUNG

Die Masse unter Rühren aufkochen und weitere 4 Minuten sprudelnd kochen lassen, dabei ständig weiterrühren. Die Gelierprobe durchführen (siehe S. 19). Das Kochgut eventuell abschäumen, nach Belieben Alkohol hinzufügen und die vorbereiteten Gläser randvoll damit befüllen. Den Deckel fest zuschrauben und die Gläser 5–10 Minuten auf den Kopf stellen.

GESCHENKTIPP

Kochen Sie das Teegelee wie beschrieben, geben Sie aber vor dem Befüllen in jedes Glas eine andere Zutat als Deko. Verwenden können Sie beispielsweise 1 Vanilleschote, ein paar Minzeblätter, 1 Chilischote, 1 Scheibe unbehandelte Zitrone oder 1 Zimtstange. So können Sie einem Teeliebhaber eine Freude bereiten. Zusätzlich können Sie auch seine Lieblingsteesorte verwenden.

VANILLE-GURKEN-MARMELADE

Für ca. 2 Gläser à 150 ml

ZUBEREITUNG ca. 15–20 Minuten
HALTBARKEIT etwa 9 Monate

EIGENSCHAFTEN
Intensives Gurkenaroma,
schöne Konsistenz

ZUTATEN
2 große Salatgurken
1 Vanilleschote
120 g Gelierzucker 2:1

AUSSERDEM BRAUCHEN SIE
2 Gläser mit Schraubverschluss
(sauber vorbereitet, siehe S. 20)
1 Reibe
1 kleiner Topf
1 großen Holzkochlöffel

VORBEREITUNG
Die Gurken schälen, entkernen und fein raspeln. In ein Sieb geben und mit der Hand das Gurkenwasser etwas ausdrücken. Die Vanilleschote längs halbieren, das Mark herauskratzen und zusammen mit der Schote, 260 g der Gurkenraspeln und dem Gelierzucker in einen Topf geben.

ZUBEREITUNG
Die Masse unter Rühren aufkochen aufkochen und weitere 4 Minuten sprudelnd kochen lassen, dabei ständig weiterrühren. Die Gelierprobe durchführen (siehe S. 19), anschließend die Vanilleschote entfernen und die vorbereiteten Gläser randvoll damit befüllen. Den Deckel fest zuschrauben und die Gläser 5–10 Minuten auf den Kopf stellen.

ROSE

ROSENBLÜTENGELEE

Für ca. 6-7 Gläser à 200 ml

ZUBEREITUNG ca. 45 Minuten
RUHEZEIT mind. 3 Stunden
HALTBARKEIT etwa 12 Monate

EIGENSCHAFTEN
Intensives Rosenaroma, weicher Charakter

ZUTATEN
500 g Rosenblüten
350 ml Roséwein
1 kg Gelierzucker 1:1
350 ml trockener Weißwein
Saft von 2–3 großen Zitronen

AUSSERDEM BRAUCHEN SIE
7 Gläser mit Schraubverschluss
(sauber vorbereitet, siehe S. 20)
1 großen Topf von mind. 4,
besser 5 Litern Inhalt
1 großen Holzlöffel

VORBEREITUNG

Die Rosenblüten vorsichtig waschen und zum Abtropfen auf ein Sieb geben. Anschließend mit dem Roséwein und der Hälfte des Gelierzuckers ansetzen. Über Nacht ziehen lassen. Am nächsten Tag den Weißwein, den Zitronensaft und den Rest des Zuckers zugeben.

ZUBEREITUNG

Alles zusammen unter Rühren aufkochen, bis die Masse zu sprudeln beginnt. Für weitere 4 Minuten kochen, dabei ständig weiterrühren. Dann durch ein Sieb in einen anderen Topf abschütten, umrühren und die Gelierprobe durchführen (siehe S. 19). Das Kochgut eventuell abschäumen und in die vorbereiteten Gläser füllen. Diese sofort verschrauben und bis zu 10 Minuten auf dem Deckel ruhen lassen.

VARIANTEN

Dieses Gelee können Sie statt mit Rosen- auch mit anderen Blüten zubereiten. Nehmen Sie entweder 500 g Holunderblüten oder 500 g Blütenmix aus Gänseblümchen, Stiefmütterchen, Löwenzahn, Apfel- sowie Kirschblüte, Veilchen, Primel und Taubnessel. Letztere erhalten Sie in der Obst- und Gemüseabteilung gut sortierter Lebensmittelläden, in Regional- oder Bioläden. Achten Sie in jedem Fall darauf, dass es sich um essbare Blüten handelt.

TIPP

Wenn Sie Blütengelees mögen, könnte Ihnen auch schmecken:

QUITTENGELEE (S. 121)
TEEGELEE (S. 162)
KRÄUTERGELEES AUF APFELBASIS (S. 166)

Für ca. 6 Gläser à 200 ml

ZUBEREITUNG ca. 30 Minuten
(mit gekauftem Apfelsaft)
HALTBARKEIT etwa 9 Monate

ZUTATEN
750 ml klarer Apfelsaft
(selbst gepresst oder hochwertiger Saft
aus der Flasche
oder Direktsaft aus Streuobst)
Saft von 1 Zitrone
500 g Gelierzucker 2:1
nach Belieben entweder:
50 g Thymian
50 g Zitronenthymian
50 g Zitronenmelisse
50 g Rosmarin
50 g Salbei
50 g Ananassalbei
50 g Minze
50 g Waldmeister
oder
50 g Fenchelgrün

AUSSERDEM BRAUCHEN SIE
6 Gläser mit Schraubverschluss
(sauber vorbereitet, siehe S. 20)
1 großen Topf von mind. 4,
besser 5 Litern Inhalt
1 großen Holzkochlöffel

VORBEREITUNG

Apfelsaft mit Zitronensaft und Gelierzucker in einen Topf geben. Die Kräuter vorsichtig abbrausen und mit Küchenkrepp trocken tupfen. Pro Glas etwa 2–3 schöne Stängel bzw. Blätter (beim Salbei reichen 1–2, es wird sonst zu streng) beiseitelegen.

ZUBEREITUNG

Alle Zutaten, bis auf die Kräuter, unter Rühren zum Kochen bringen, bis die Masse zu sprudeln beginnt. Weitere 3–4 Minuten sprudelnd kochen, dabei ständig weiterrühren. Dann den Topf von der Kochstelle nehmen, die Kräuter sofort vorsichtig unter die heiße Masse heben und für mind. 30 Minuten, besser 1 Stunde, ziehen lassen. Nun in jedes Glas 2–3 Stängel Kräuter bzw. schöne große Blätter geben. Das Kochgut vorsichtig wieder erhitzen, kurz bevor es erneut zu kochen beginnt, mit einem Schaumlöffel die Kräuter aus dem Topf heben, dabei so viel Gelee wie möglich zurück in den Topf laufen lassen. Die Gelierprobe durchführen (siehe S. 19) und das Kochgut eventuell abschäumen. Die Masse sofort randvoll in die vorbereiteten Gläser füllen. Mit Schraubdeckeln verschließen, umdrehen und ca. 5 Minuten auf dem Deckel stehen lassen.

VARIANTEN

THYMIANGELEE schmeckt besonders gut zu Ziegen- oder Schafskäse, zu Lammschinken oder in warmem Tee.

ZITRONENTHYMIAN UND -MELISSE geben dem Aufstrich eine wunderbar frische Note.

Das ROSMARINGELEE schmeckt toll zu Hartkäse, in Fleischsaucen und auch in Vinaigrette.

Das MINZGELEE passt in eine Vinaigrette und zu gebratenem Lamm. Es ist aber auch pur auf Toast eine Delikatesse.

SALBEIGELEE passt ebenso hervorragend zu Lamm.

WALDMEISTERGELEE schmeckt vorzüglich auf warmem Toast.

Das FENCHELGELEE kann als Gewürzträger für gedünstetes Gemüse oder in einer warmen Tasse Tee verwendet werden.

TIPP

Wenn Sie diese Kräutergelees mögen, könnte Ihnen auch schmecken:

APFELGELEE PUR UND KREATIV (S. 114)
QUITTENGELEE (S. 121)
TOMATE-LIMETTE MIT INGWER (S. 169)

KRÄUTERGELEES AUF APFELBASIS

CONFIT VON GRÜNEN TOMATEN

Für ca. 6–7 Gläser à 200 ml

ZUBEREITUNG ca. 45 Minuten
HALTBARKEIT etwa 12 Monate

EIGENSCHAFTEN
Fruchtig-herb, festere Konsistenz

ZUTATEN
1 kg grüne Tomaten
1 unbehandelte Orange
1 unbehandelte Zitrone
1 kg Gelierzucker

AUSSERDEM BRAUCHEN SIE
7 Gläser mit Schraubverschluss (sauber vorbereitet, siehe S. 20)
1 großen Topf von mind. 4, besser 5 Litern Inhalt
1 Pürierstab
1 großen Holzkochlöffel

VORBEREITUNG

Die Tomaten waschen, trocken tupfen und die Stielansätze entfernen. Die Orange und die Zitrone heiß abwaschen und trocken reiben. Die Schale beider Früchte in feinen Streifen abziehen, den Saft der Zitrone auspressen. Alles in einen Topf geben, mit dem Zucker vermischen und gut pürieren.

ZUBEREITUNG

Bringen Sie die Masse unter Rühren zum Kochen, und lassen Sie sie für 4 Minuten sprudelnd kochen, dabei ständig weiterrühren. Abschließend die Gelierprobe durchführen (siehe S. 19). Das Kochgut eventuell abschäumen und sofort in die vorbereiteten Gläser füllen. Diese mit dem Deckel verschließen und 5–10 Minuten auf dem Kopf stehen lassen.

VARIANTEN

Sie können dieses Confit auch mit etwas Zimt und Ingwer aromatisieren, oder Sie geben 2–3 EL fein zerkleinerte Chilischote zur Tomatenmasse.

TIPP

Wenn Sie dieses Confit mögen, könnte Ihnen auch schmecken:

KRÄUTERGELEES AUF APFELBASIS (S. 166)
TOMATE-LIMETTE MIT INGWER (S. 169)
HIMBEERE MIT PAPRIKA UND CHILI (S. 171)

TOMATE-LIMETTE MIT INGWER

Für ca. 6 Gläser à 250 ml

ZUBEREITUNG ca. 45 Minuten
HALTBARKEIT etwa 9 Monate

EIGENSCHAFTEN
Feine rote Farbe, frisches, würziges Aroma und cremige Konsistenz

ZUTATEN
750 g passierte Tomaten
250 ml frisch gepresster Limettensaft
500 g Gelierzucker 2:1
1 Stück Bio-Ingwer (ca. 10 cm)

VORBEREITUNG

Geben Sie die passierten Tomaten zusammen mit dem Limettensaft und dem Zucker in einen Topf. Schälen oder waschen Sie den Ingwer, schneiden Sie diesen in feine Würfelchen und geben Sie ihn zu den übrigen Zutaten.

ZUBEREITUNG

Bringen Sie die Masse unter Rühren zum Kochen. Alles 4 Minuten sprudelnd kochen lassen, dabei ständig weiterrühren. Die Gelierprobe durchführen (siehe S. 19). Das Kochgut eventuell am Ende der Kochzeit abschäumen. Anschließend die vorbereiteten Gläser damit befüllen, diese verschließen und 5–10 Minuten umgekehrt auf dem Deckel stehen lassen.

HINWEIS

Dieser Aufstrich schmeckt auch toll zu Fisch und Käse. Im Sommer können Sie ihn mit kaltem Mineralwasser aufgießen und haben so ein tolles Getränk. Verwenden Sie unbedingt frischen Ingwer und frisch gepressten Limettensaft.

TIPP

Wenn Sie diesen Aufstrich mögen, könnte Ihnen auch schmecken:

ERDBEERE MIT INGWER UND GRÜNEM PFEFFER (S. 52)
ORANGE MIT INGWER (S. 134)
KRÄUTERGELEES AUF APFELBASIS (S. 166)

HIMBEERE MIT PAPRIKA UND CHILI

Für ca. 10 Gläser à 250 ml

ZUBEREITUNG ca. 45 Minuten
RUHEZEIT mind. 3 Stunden
HALTBARKEIT etwa 12 Monate

EIGENSCHAFTEN
Sehr fruchtig, feinherb und pikant

ZUTATEN
1,1 kg reife Himbeeren
(verlesen ca. 1 kg)
1,3 kg Gelierzucker 1:1
650 g rote Paprikaschoten
(geputzt ca. 500 g)
1–2 rote Chilischoten
1 ½ unbehandelte Zitronen

AUSSERDEM BRAUCHEN SIE
10 Gläser mit Schraubverschluss
(sauber vorbereitet, siehe S. 20)
1 großen Topf von mind. 4,
besser 5 Litern Inhalt
1 Pürierstab
1 großen Holzkochlöffel

VORBEREITUNG

Bereiten Sie alles nach dem Grundrezept „Himbeere pur" vor (siehe S. 65). Die Paprikaschoten waschen, die Kerne und die weißen Innenhäute entfernen und in Streifen schneiden. Mit den Chilischoten ebenfalls so verfahren, diese aber fein hacken. Beides vor dem Kochen zur Fruchtmasse geben und alles gut durchpürieren. Eine Zitrone heiß abwaschen, trocken reiben und von einer Hälfte die Schale abreiben. Den Saft der gesamten Zitronen auspressen und zusammen mit dem Zitronenabrieb hinzugeben.

ZUBEREITUNG

Bei der Zubereitung verfahren Sie, wie im Grundrezept beschrieben.

VARIANTE

Statt der Chilischoten können Sie auch ca. 70 g Ingwer verwenden, den Sie waschen oder schälen und in kleine Würfelchen oder Streifen schneiden, bevor Sie ihn zum Kochgut geben. Beide Varianten passen bestens zu Käse und Grillfleisch.

TIPP

Wenn Sie Himbeere mit Paprika und Chili mögen, könnte Ihnen auch schmecken:

ERDBEERE MIT INGWER UND GRÜNEM PFEFFER (S. 52)
KIRSCHRAGOUT MIT PORTWEIN UND ESTRAGON (S. 89)
KRÄUTERGELEES AUF APFELBASIS (S. 166)

SAISONKALENDER

Monate geringer Angebote und hohem Preis
Monate steigender/fallender Angebote
Monate starker Angebote und geringem Preis (bei Import-Obst relativ konstanter Preis)
Überwiegend aus einheimischem Freilandanbau

REZEPTREGISTER

IMPRESSUM

KONFITÜRE, MARMELADE, GELEE

HERAUSGEBER
Ralf Frenzel

IDEE, KONZEPTION UND UMSETZUNG
Tre Torri Verlag GmbH, Wiesbaden

ART DIRECTION & GESTALTUNG
Tommas Bried, 3c4y Cookbook Design, Berlin/London

FOTOGRAFIE
Titel: Tommas Bried, 3c4y Cookbook Design, Berlin/London
Michael Link, Wiesbaden

Fotonachweis © Adobe:
Biene auf Vor-/Nachsatz: Maria Epine, S. 2/3 Johanna Mühlbauer, S. 4/5 alekseyliss, S. 6 FomaA, S. 7 Maria Medvedeva, S. 14/15/16/17 M.Dörr & M.Frommherz, S. 24 exclusive-design, S. 29 beats, S. 31 Yasonya, S. 35 denira, S. 38/39 fedorovacz, S. 43 Jiri Hera, S. 44 mRGB, S. 80/81 letterberry, S. 104/105 Dickov, S. 122/123 Diana Taliun, S. 128/129 Yulia Furman, S. 142/143 jelenayukka, S. 146 bessapics, S. 154/155 zaikina, S. 157 Madeleine Steinbach

REPRODUKTION
Lorenz & Zeller, Inning a. A.

Printed in Slovakia

MIX
Papier aus verantwortungsvollen Quellen
FSC® C020353

ISBN 978-3-96033-106-3

HAFTUNGSAUSSCHLUSS
Die Inhalte dieses Buches wurden von Herausgeber und Verlag sorgfältig erwogen und geprüft. Dennoch kann eine Garantie nicht übernommen werden. Die Haftung des Herausgebers bzw. des Verlages für Personen-, Sach- und Vermögensschäden ist ausgeschlossen.

2021 WIR UNTERSTÜTZEN DIE IDEE VON Slow Food® Deutschland e.V.

DAS KÖNNTE IHNEN AUCH GEFALLEN

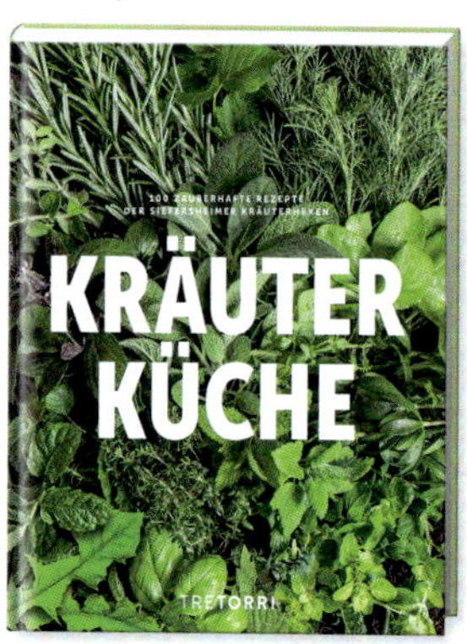